sweet melancholy
γλυκιά μελαγχολία

an odyssey from Enlli to Hydra
trwy lanw, trai a chwedlau

elin gruffydd

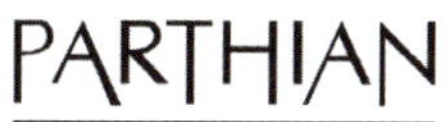

Parthian, Cymru / Wales
parthianbooks.com

Argraffwyd gyntaf / First printed: 2025

© 2025 Cyflwyniad a ffotograffau / Introduction and photographs: Elin Gruffydd

Dyfyniadau: Drwy ganiatâd caredig stad Brenda Chamberlain.
Quotes: The estate of Brenda Chamberlain, with kind permission.

ISBN 978-1-917140-93-5

Dylunio / Design: Dafydd Owain (Cyngor Llyfrau Cymru / Books Council of Wales)

Cyhoeddwyd gyda chymorth Cyngor Llyfrau Cymru.
Published with support of the Books Council of Wales.

Argraffwyd gan / Printed by: Gwasg Gomer

Cyfieithiad i'r Groeg gyda diolch caredig i Claire Papamichael.
Greek translation with kind thanks to Claire Papamichael.

Cyfieithiad Saesneg gan Elin Gruffydd.
English translation by Elin Gruffydd.

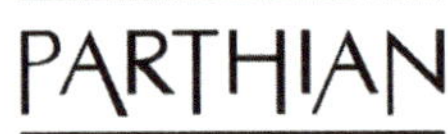

I Gwenan a John

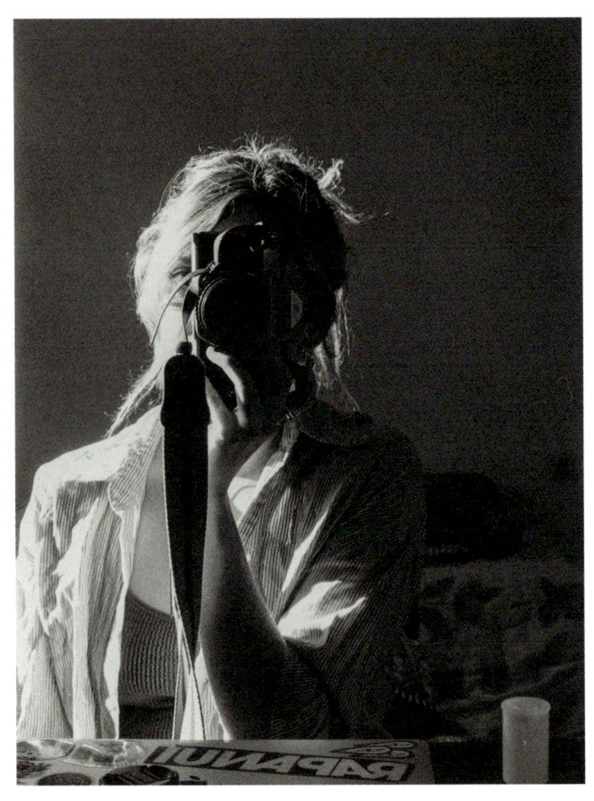

'Hunan-bortread', Elin Gruffydd

'Self-portrait', Elin Gruffydd

Rwy'n ffotograffydd ffilm o Ben Llŷn. Mae fy ngwaith, sydd yn aml
wedi ei leoli yn yr awyr agored yng nghanol byd natur, yn archwilio
prydferthwch syml, agosatrwydd a benyweidd-dra. Rwy'n anelu
i gipio'r eiliadau tawel mewn gofod breuddwydiol, drwy lens
hiraethus ffilm, wedi cael fy ysbrydoli gan y môr a'r mynyddoedd,
a'r canol llonydd distaw hwnnw sydd rhwng y ddau.

I am a film photographer from Pen Llŷn. My work, often situated
in nature, explores simple beauty, intimacy and femininity.
I aim to capture quiet moments in dreamy spaces, through
the nostalgic lens of film, inspired by the sea, the mountains,
and everything in between.

Είμαι φωτογράφος και κατάγομαι από το Pen Llŷn. Η δουλειά
μου, που βρίσκεται συχνά στη φύση, εξερευνά την απλή ομορφιά,
την οικείωση, τη θηλυκότητα. Στόχος μου είναι να αποτυπώσω
γαλήνιες στιγμές σε ονειρικά μέρη μέσα από τον νοσταλγικό φακό
του φιλμ, εμπνευσμένη από τη θάλασσα, τα βουνά και ό,τι
υπάρχει ανάμεσά τους.

—

If I could tell the story in words, I wouldn't need to lug a camera.
Lewis Hine

Roedd Brenda Irene Chamberlain yn arlunydd, llenor a bardd a
aned ym Mangor yn 1912. Hyfforddodd fel paentiwr yn y Royal
Academy Schools yn Llundain yn 1931. Pan oedd hi'n byw ger
pentref Llanllechid gyda'i gŵr, John Petts, cydsefydlodd Wasg Caseg.
Ar ôl gwahanu â Petts, symudodd i Ynys Enlli, lle buodd hi'n byw
tan 1961. Wedi gadael Enlli, bu'n byw am chwe blynedd ar ynys
Hydra yng Ngwlad Groeg, cyn dychwelyd i Fangor.
Bu farw yng ngogledd Cymru yn 1971.

Brenda Irene Chamberlain, born in Bangor in 1912, was a Welsh
artist, writer and poet. She trained as a painter at the Royal
Academy Schools in London in 1931. Whilst living near the village
of Llanllechid with her then-husband John Petts, she co-founded
Caseg Press. After separating from Petts, she moved to Ynys Enlli,
where she lived until 1961. After leaving Enlli, she lived for six
years on the Greek island of Hydra, before returning to Bangor.
She died in north Wales in 1971.

Η Μπρέντα Αϊρίν Τσάμπερλεν γεννήθηκε στο Μπάνγκορ το 1912
και ήταν Ουαλή καλλιτέχνις, συγγραφέας και ποιήτρια. Σπούδασε
ζωγραφική στη Βασιλική Ακαδημία Καλών Τεχνών του Λονδίνου το
1931. Στο διάστημα που ζούσε κοντά στο χωριό Llanllechid με τον
τότε σύζυγό της Τζον Πετς, ίδρυσε μαζί του τον εκδοτικό οίκο Caseg
Press. Αφού χώρισε με τον Πετς, μετακόμισε στο Ynys Enlli, όπου
έζησε ως το 1961. Όταν έφυγε από το Enlli, έμεινε για έξι χρόνια
στην Ύδρα, προτού επιστρέψει στο Μπάνγκορ. Πέθανε στη
βόρεια Ουαλία το 1971.

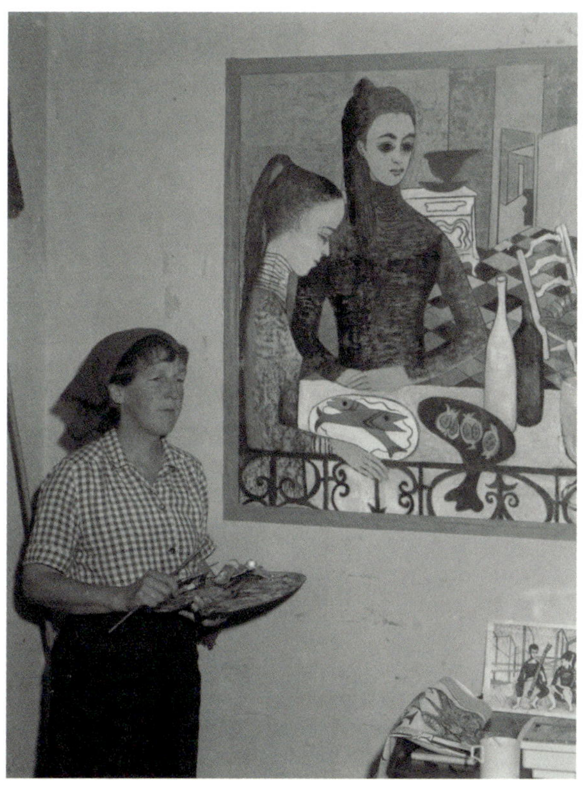

Brenda Chamberlain yn Carreg, Ynys Enlli, gyda
'On the Balcony', 1956. Olew, gouache a siarcol ar bapur.
Ffotograffwyd gan Geoff Charles.

Brenda Chamberlain at Carreg, Ynys Enlli, with
'On the Balcony', 1956. Oil, gouache and charcoal on paper.
Photographed by Geoff Charles.

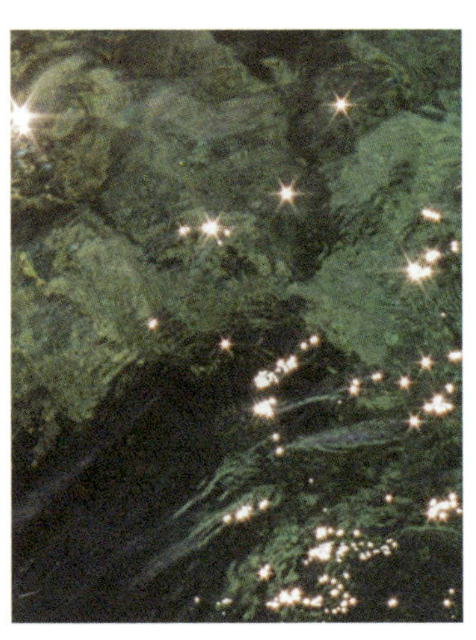

Cyflwyniad

Mae *Sweet Melancholy* yn brosiect sy'n cydblethu fy
ffotograffiaeth ffilm gyda geiriau'r arlunydd Brenda
Chamberlain mewn astudiaeth weledol o Ynys Enlli
ac ynys Hydra yng Ngwlad Groeg.

Mae'r prosiect yn archwilio dwy elfen rwyf wedi ymgolli
ynddynt dros y blynyddoedd diwethaf.

Yn gyntaf, Ynys Enlli. Yn 2021 a 2022, treuliais y gwanwyn
a'r haf yn byw ac yn gweithio ar yr ynys fechan, wyllt hon
ym mhen draw Llŷn. Yno, deuthum yn gyfarwydd â gwaith
Brenda Chamberlain, a fu'n byw ar yr ynys rhwng 1947 ac 1961.
Roeddwn i'n gweld ei murluniau ar furiau Carreg Fawr yn
wythnosol, felly roedd ei gwaith yn bresenoldeb cyson, ond
yn un a arhosodd yng nghefn fy meddwl, tan rŵan.

Yn ail, hanes a chwedloniaeth byd clasurol Groeg Hynafol.
Ers 2020, rwyf wedi bod yn astudio gradd BA, ac yna MA,
mewn Astudiaethau Clasurol, gan ganolbwyntio ar ymchwilio
i'r merched ym mytholeg Groeg – eu creadigrwydd, eu cryfder
a'u gwytnwch ar adegau o anhrefn llwyr.

Mae'r ddwy agwedd hon wedi eu cydblethu yn fy meddwl
mewn mwy nag un ffordd annisgwyl …

Dros y flwyddyn ddiwethaf, rwyf wedi trochi fy hun yng
ngwaith Brenda Chamberlain – ei chelf a'i llenyddiaeth –
ac wrth wneud hynny, wedi darganfod yr edafedd niferus
sy'n cydblethu ein bywydau a'n llwybrau, gan arwain at yr
astudiaeth eang hon o fywyd ar ynys, celf, llenyddiaeth,
mytholeg a ffotograffiaeth.

Gan ganolbwyntio'n bennaf ar ei gweithiau ysgrifenedig,
sef *Tide Race* (1962), nofel wedi ei hysbrydoli gan ei bywyd

ar Enlli, ac *A Rope of Vines: Journal from a Greek Island* (1965),
o'i chyfnod yn byw ar Hydra, rwyf wedi treiddio'n ddyfnach i'w
byd a'i geiriau.

Rwyf wedi dod â'r holl linynnau hyn at ei gilydd mewn cyfres
o ffotograffau analog o Enlli a Hydra, wedi eu hysbrydoli
gan ei hysgrifau o'r ddwy ynys. Rwyf wedi dewis a churadu
detholiadau o'r llyfrau i gyd-fynd â'r lluniau.

Rwyf wedi trio fy ngorau i wneud synnwyr o fy nheimladau
dros y pedair blynedd diwethaf. Mae darllen gwaith Brenda
Chamberlain, a distyllu'r geiriau sydd fwyaf perthnasol i mi,
wedi bod yn broses hynod o gathartig. Wrth i mi ailddychmygu
ei rhyddiaith yng nghyd-destun chwedloniaeth Roegaidd, mae
nifer o themâu yn gyffredin: duwiau, ffawd a thynged, y môr a'r
elfennau, a'r effaith y mae'r rhain yn ei gael arnom.

Y gobaith yw cario'r themâu hyn i fy ymchwil ar gyfer fy ngradd
meistr, a fydd yn archwilio'r cysylltiadau rhwng merched a'r
celfyddydau ym mytholeg Groeg.

Wrth weithio ar y prosiect hwn, bues i'n poeni sut i gydblethu'r
ddau ddiddordeb yma yn daclus ...

... ond efallai nad oes angen?

Daw hanes a mytholeg Groeg atom mewn darnau.
Mae llyfrau braslunio a nodiadau Brenda Chamberlain,
fel unrhyw arlunydd, yn llawn brawddegau toredig,
darluniau a cherddi ar eu hanner. Efallai nad oes un
llinyn clir i glymu'r holl feddyliau gyda'i gilydd.

Gobeithio y gwnewch chi fwynhau'r daith yma o
Ynys Enlli i Hydra.

Introduction

Sweet Melancholy is a project intertwining my film photography with the words of the artist Brenda Chamberlain in a visual exploration of Ynys Enlli and the Greek island Hydra.

This ongoing project explores two elements that have been a prominent presence in my life over the last few years.

Firstly, Ynys Enlli. In 2021 and 2022, I spent the spring and summer living and working on the small, wild island at the very end of Llŷn. Here, I became familiar with Brenda Chamberlain's work, who lived on the island between 1947 and 1961. I saw her murals on the walls of Carreg Fawr on a weekly basis, she became a constant presence, but remained at the back of my mind, until now.

Secondly, the history and mythology of the Classical world of Ancient Greece. Since 2020, I have been studying a BA degree, followed by an MA in Classical Studies, with my main interest in exploring the women of Greek mythology, their creativity, strength and resilience during times of chaos.

These two aspects have intertwined in my mind in more than one unexpected way …

Over the past year, I have immersed myself in Brenda Chamberlain's work, both art and literature, and in doing so, have discovered the many threads that intertwine our lives and paths, leading to this broad study of island life, art, literature, mythology and photography.

By focusing mainly on her written work, *Tide Race* (1962), a novel influenced by her life on Enlli, and *A Rope of Vines: Journal from a Greek Island* (1965), from her time spent living on Hydra, I have delved deeper into her world and words.

I have brought these strands together in a series of analogue photographs of Enlli and Hydra, inspired by her writings from the two islands. I have selected and curated extracts from both books to accompany the photos.

I have tried my best to make sense of my feelings over the last four years. Reading Brenda Chamberlain's work, and distilling her writings into the words that resonate most deeply with me has been an extremely cathartic process. As I re-imagine her prose in the context of Greek mythology, there are a number of themes in common: Gods, fate and destiny, the sea and the elements, and the effect of these on us.

The hope is to carry these themes forward into my Master's research, which will explore the connections between women and the arts in Greek mythology.

Whilst working on this project, I have been worrying about how to neatly intertwine these two interests of mine...

... perhaps there is no need?

Greek history and mythology comes to us in pieces. Brenda Chamberlain's sketchbooks and journals, like any artist, are strewn with broken sentences, half-finished drawings and poems. Perhaps there isn't one clear thread to twine all my thoughts together.

With that, I hope you enjoy this fragmented Odyssey from Ynys Enlli to Hydra.

Εισαγωγή

Η *Γλυκιά Μελαγχολία* συνυφαίνει τις φωτογραφίες μου με
τις λέξεις της καλλιτέχνιδας Μπρέντα Τσάμπερλεν σε μια
απεικονιστική εξερεύνηση του Ynys Enlli και της Ύδρας,
του ελληνικού νησιού. Αυτό το εν εξελίξει έργο εξετάζει δυο
στοιχεία που κυριαρχούσαν στη ζωή μου τα τελευταία χρόνια.

Πρώτα, το Ynys Enlli. Το 2021 και 2022 πέρασα την άνοιξη και
το καλοκαίρι μένοντας και δουλεύοντας στο μικρό νησί με την
άγρια φύση, στην απώτατη άκρη του Llyn. Εδώ γνώρισα το
έργο της Μπρέντα Τσάμπερλεν, η οποία έζησε εκεί μεταξύ 1947
και 1961. Έβλεπα κάθε εβδομάδα τις τοιχογραφίες της στους
τοίχους του Carreg Fawr, ήταν μια διαρκής παρουσία,
μα παρέμενε στο βάθος του μυαλού μου –μέχρι τώρα.

Δεύτερον, η ιστορία και η μυθολογία του κόσμου της Αρχαίας
Ελλάδας. Το 2020 πήρα το πτυχίο μου στις Κλασικές Σπουδές
και τώρα κάνω το μεταπτυχιακό μου. Το κυρίως ενδιαφέρον
μου είναι η μελέτη των γυναικών στην Ελληνική μυθολογία,
η δημιουργικότητά τους, η δύναμή τους και η ανθεκτικότητά
τους σε χαοτικές εποχές.

Αυτές οι δυο πλευρές συσχετίστηκαν στο μυαλό μου με
πολλούς απρόβλεπτους τρόπους …

Τον τελευταίο χρόνο, εντρύφησα τόσο στο καλλιτεχνικό
έργο της Μπρέντα Τσάμπερλεν όσο και στα γραπτά της και
ανακάλυψα τα πολλά νήματα που συνυφαίνονται στη ζωή
και στους δρόμους μας, οδηγώντας σ' αυτή την εκτεταμένη
μελέτη της νησιωτικής ζωής, της τέχνης, της λογοτεχνίας, της
μυθολογίας και της φωτογραφίας. Εστιάζοντας κυρίως στα
γραπτά της, στο μυθιστόρημα *Tide Race* (1962) , επηρεασμένο
από τη ζωή της στο Enlli, και στο *A Rope of Vines: Journal from
a Greek Island* (1965), από τα χρόνια που πέρασε στην Ύδρα,
βυθίστηκα βαθιά στον κόσμο και στις λέξεις της.

Ένωσα αυτά τα δύο νήματα σε μια σειρά από αναλογικές φωτογραφίες του Enlli και της Ύδρας, εμπνεόμενη από τα γραπτά της από τα δυο νησιά. Επέλεξα και επιμελήθηκα αποσπάσματα από το *Tide Race* και το *A Rope of Vines* για να συνοδεύσω τις φωτογραφίες.

Προσπάθησα όσο μπορούσα να καταλάβω τα συναισθήματά μου τα τελευταία τέσσερα χρόνια. Διαβάζοντας τα έργα της Μπρέντα Τσάμπερλεν και φιλτράροντας τα γραπτά της στις λέξεις που έχουν βαθύτερο αντίκτυπο εντός μου, η διαδικασία υπήρξε εξόχως καθαρκτική. Καθώς φανταζόμουν ξανά τα πεζογραφήματά της στο πλαίσιο της Ελληνικής μυθολογίας, διέκρινα πολλά κοινά θέματα: τους Θεούς, τη μοίρα και το πεπρωμένο, τη θάλασσα και τα στοιχεία της φύσης, καθώς και την επίδρασή τους πάνω μας.

Η ελπίδα μου είναι να μεταφέρω τα θέματα αυτά στην έρευνα για το μεταπτυχιακό μου, η οποία θα εξετάσει τους συσχετισμούς ανάμεσα στις γυναίκες και την τέχνη στην ελληνική μυθολογία.

Στη διάρκεια του συγκεκριμένου έργου, προβληματιζόμουν πώς να συνδυάσω αβίαστα αυτά τα δυο μου ενδιαφέροντα…

… μα ίσως και να μη χρειάζεται;

Η ελληνική ιστορία κι η μυθολογία έρχονται αποσπασματικά σ' εμάς. Τα μπλοκ ζωγραφικής και τα ημερολόγια της Μπρέντα Τσάμπερλεν, όπως και οποιουδήποτε καλλιτέχνη, είναι γεμάτα μισές προτάσεις, μισοτελειωμένα σκίτσα και ποιήματα. Ίσως να μην υπάρχει ένα ξεκάθαρο νήμα που να συνδέει όλες τις σκέψεις μου.

Σας εύχομαι να απολαύσετε τούτη τη θραυσματική Οδύσσεια από το Ynys Enlli στην Ύδρα.

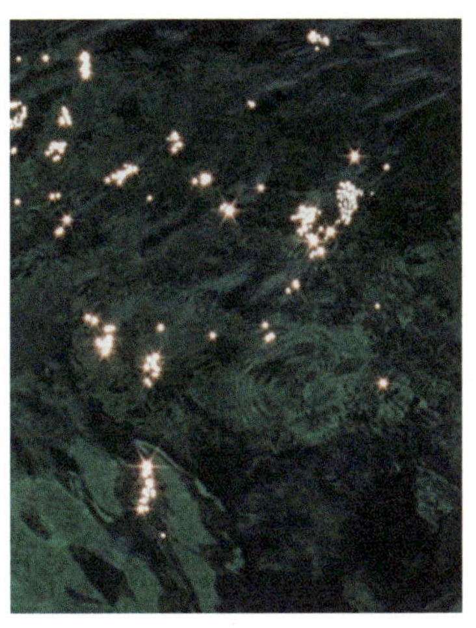

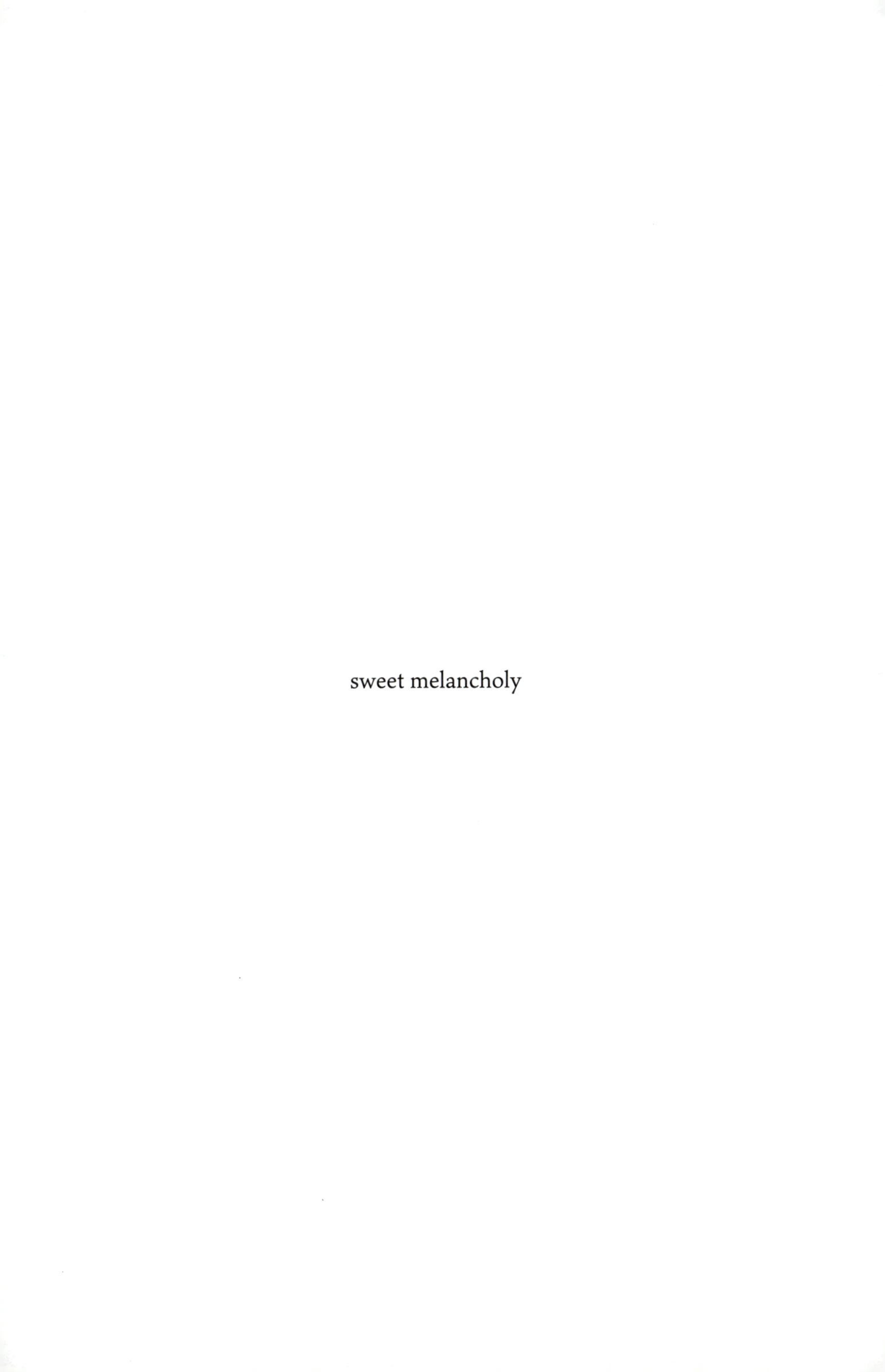

sweet melancholy

You Who Are In The Traffic Of The World:
Can You Guess The Thoughts Of An Islander?

A figure in a dream, she was spun out of fog.

I am putting my thoughts together, for here
the mind can clear itself.

And the sea makes clean our hearts.

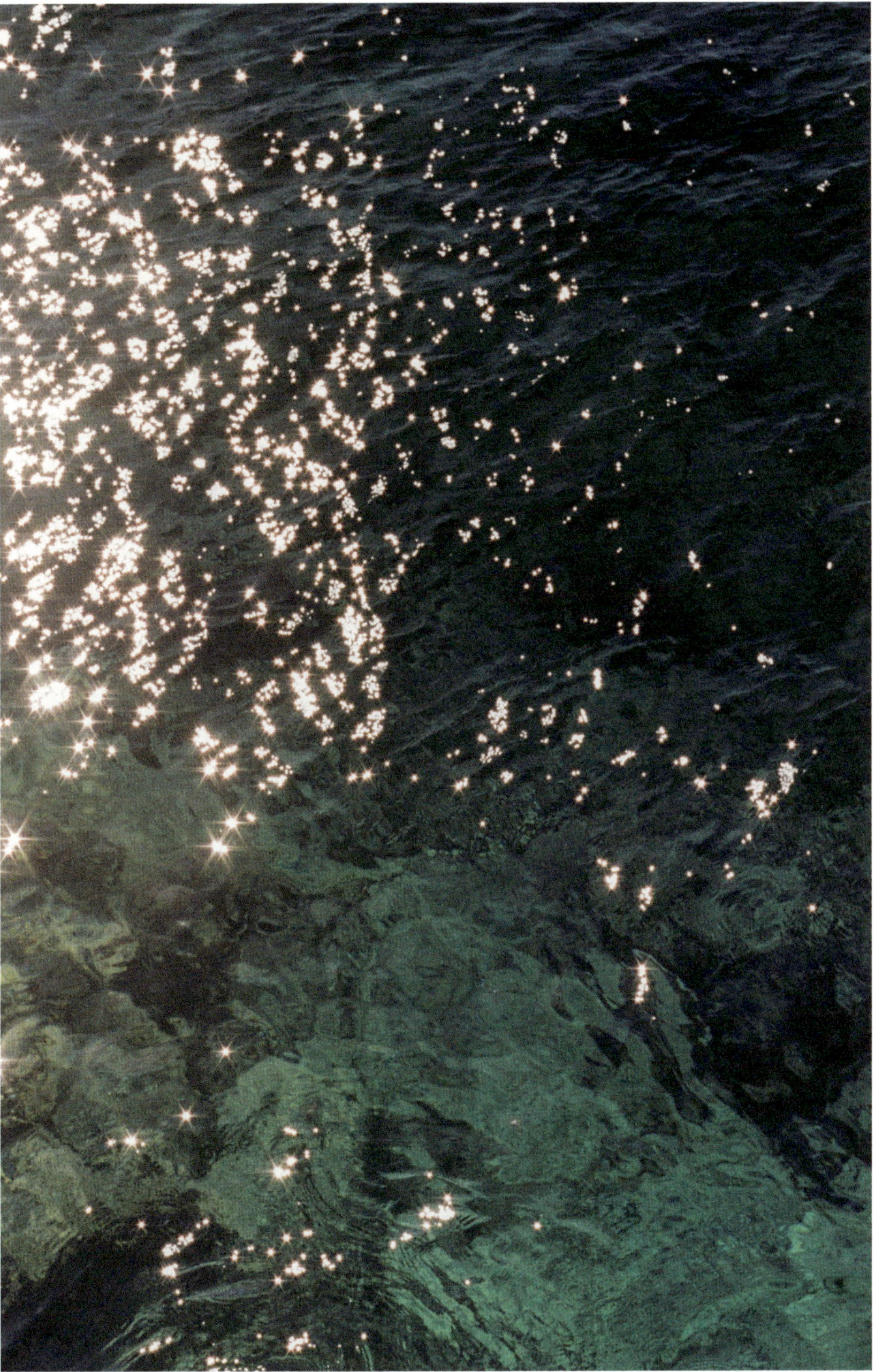

I have found the home of my heart.

I could not eat:
I could not think straight any more; so I came to this
solitary place and lay in the sun.

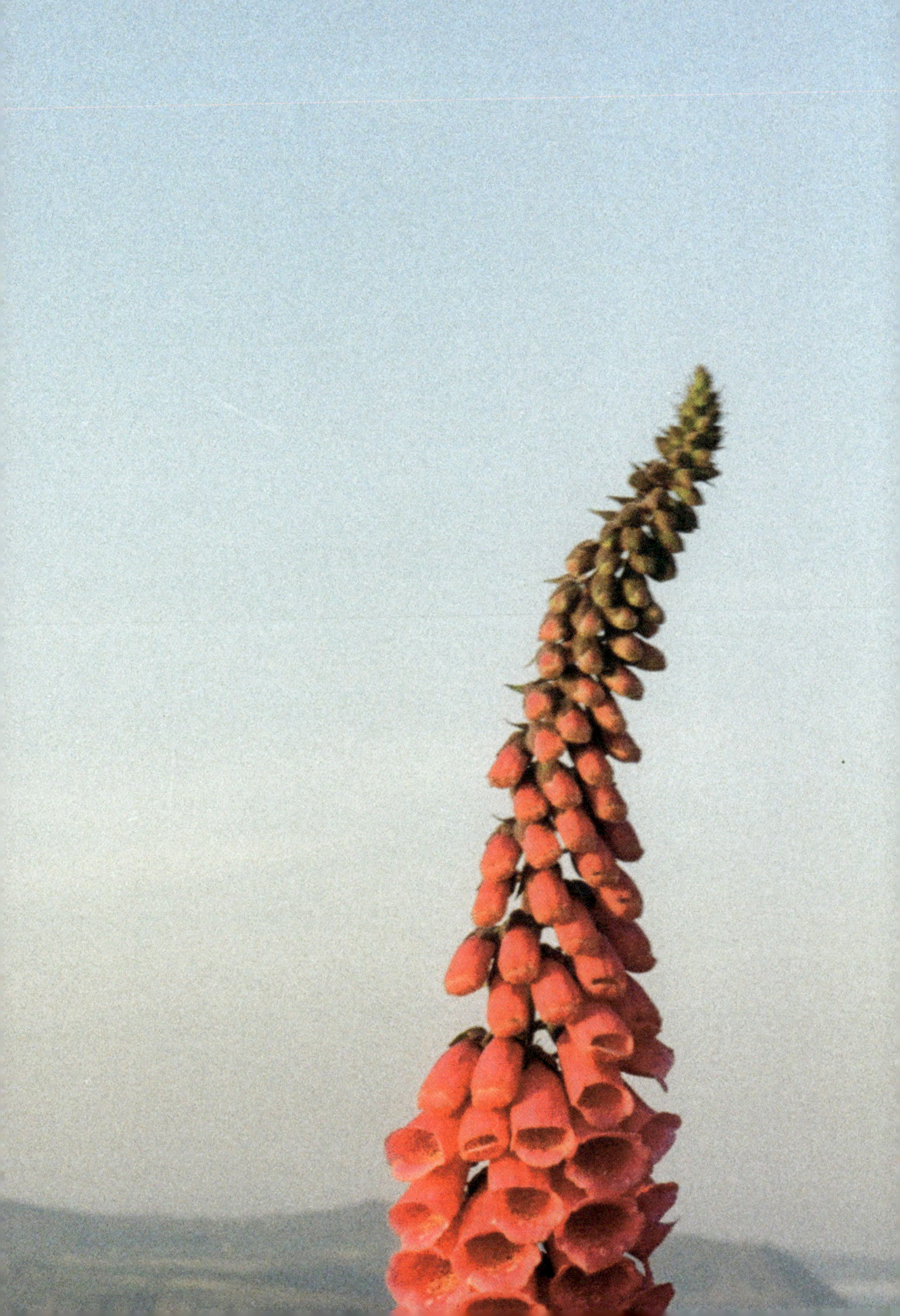

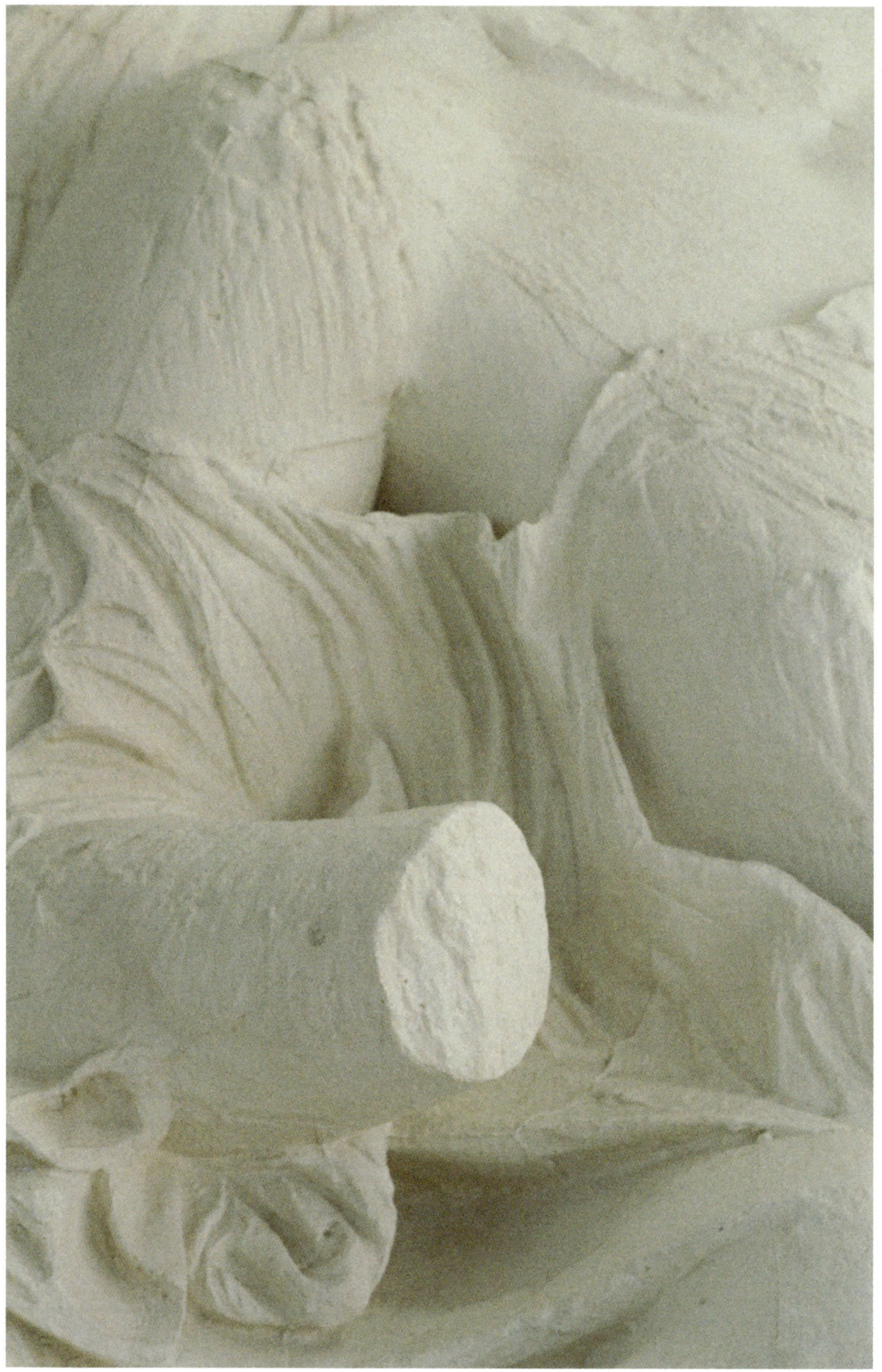

In my ignorance I had dreamed of a classical Greece.

The past is too much with us.

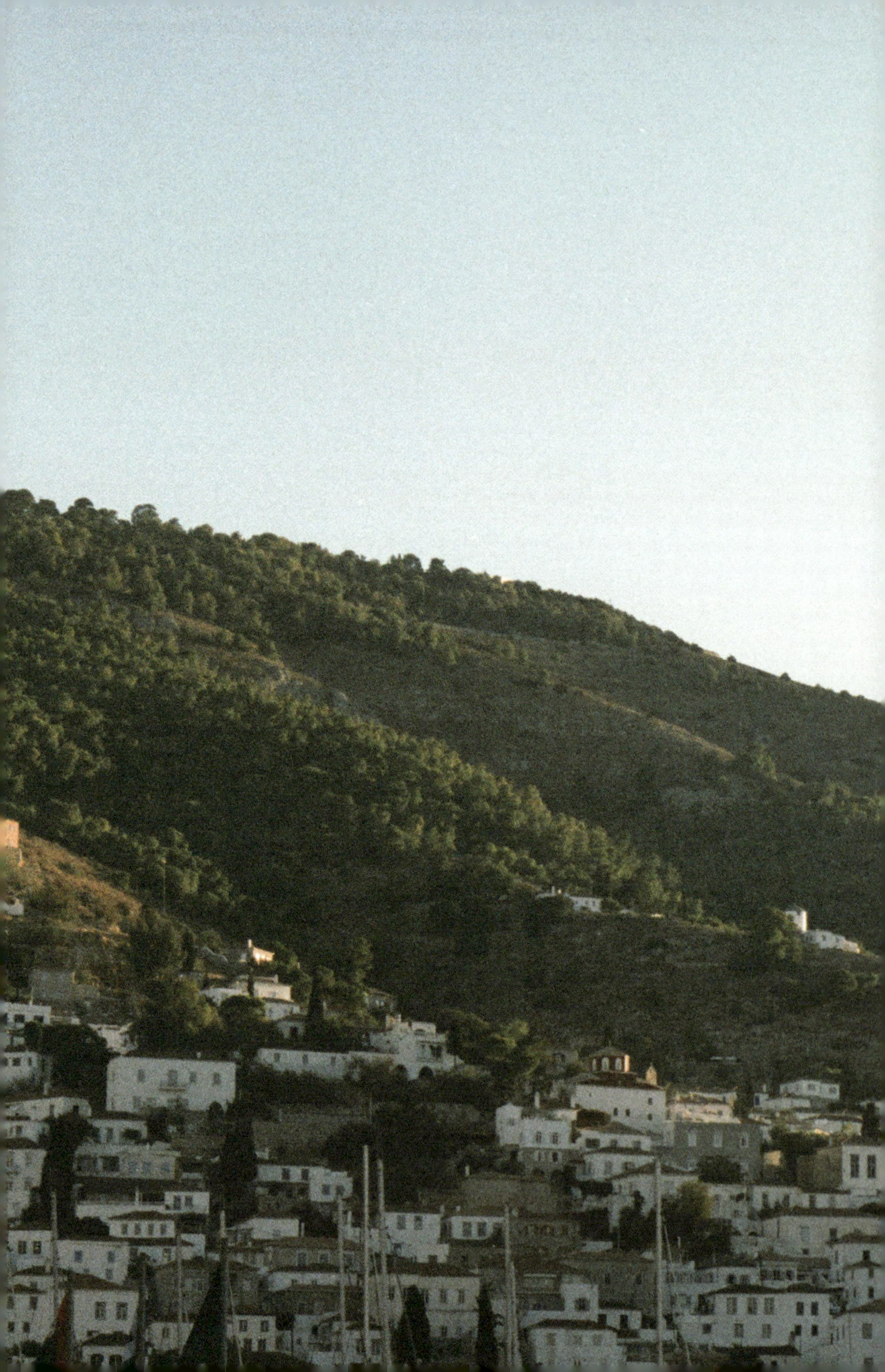

The gods are at war.

The Fates, the inimical forces, will not give me respite.

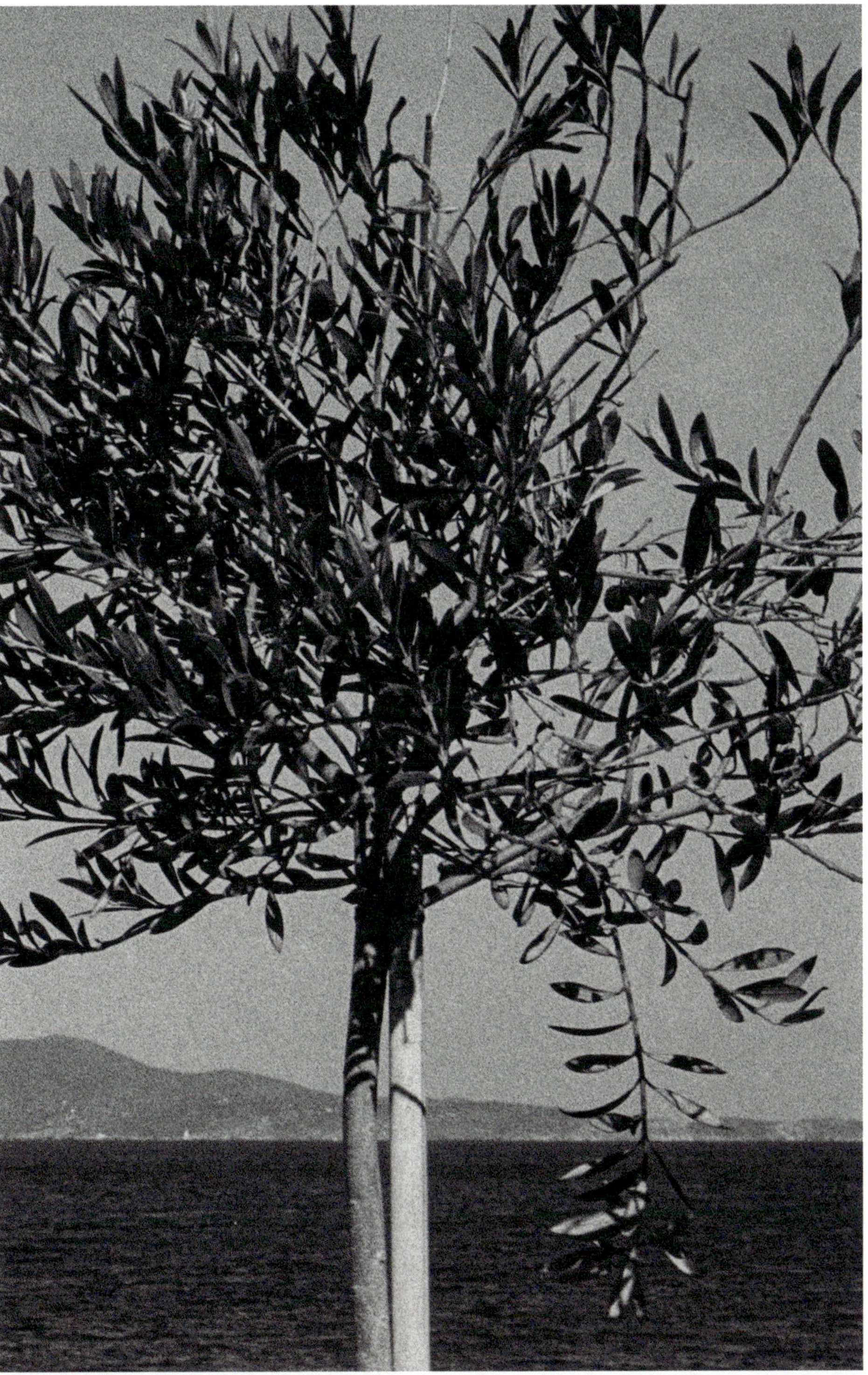

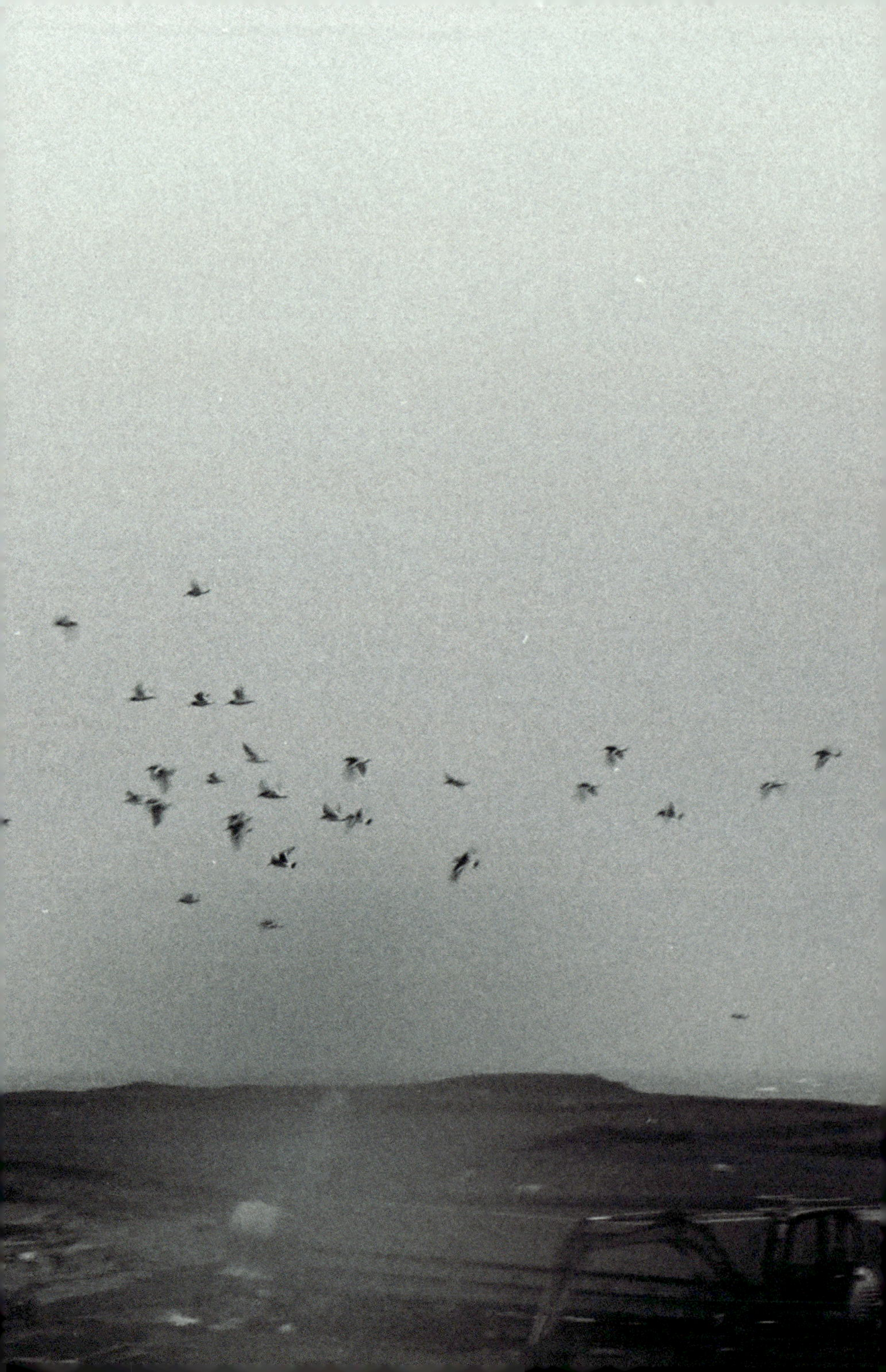

There is fog at the edge of the tide, sad and cold,
ancient and out of time.

How wounding reality can be, how raw, ever-changing in its
patterns, repeating itself under a too-bright sun, sometimes
exciting, at other times boring in its repetitions.

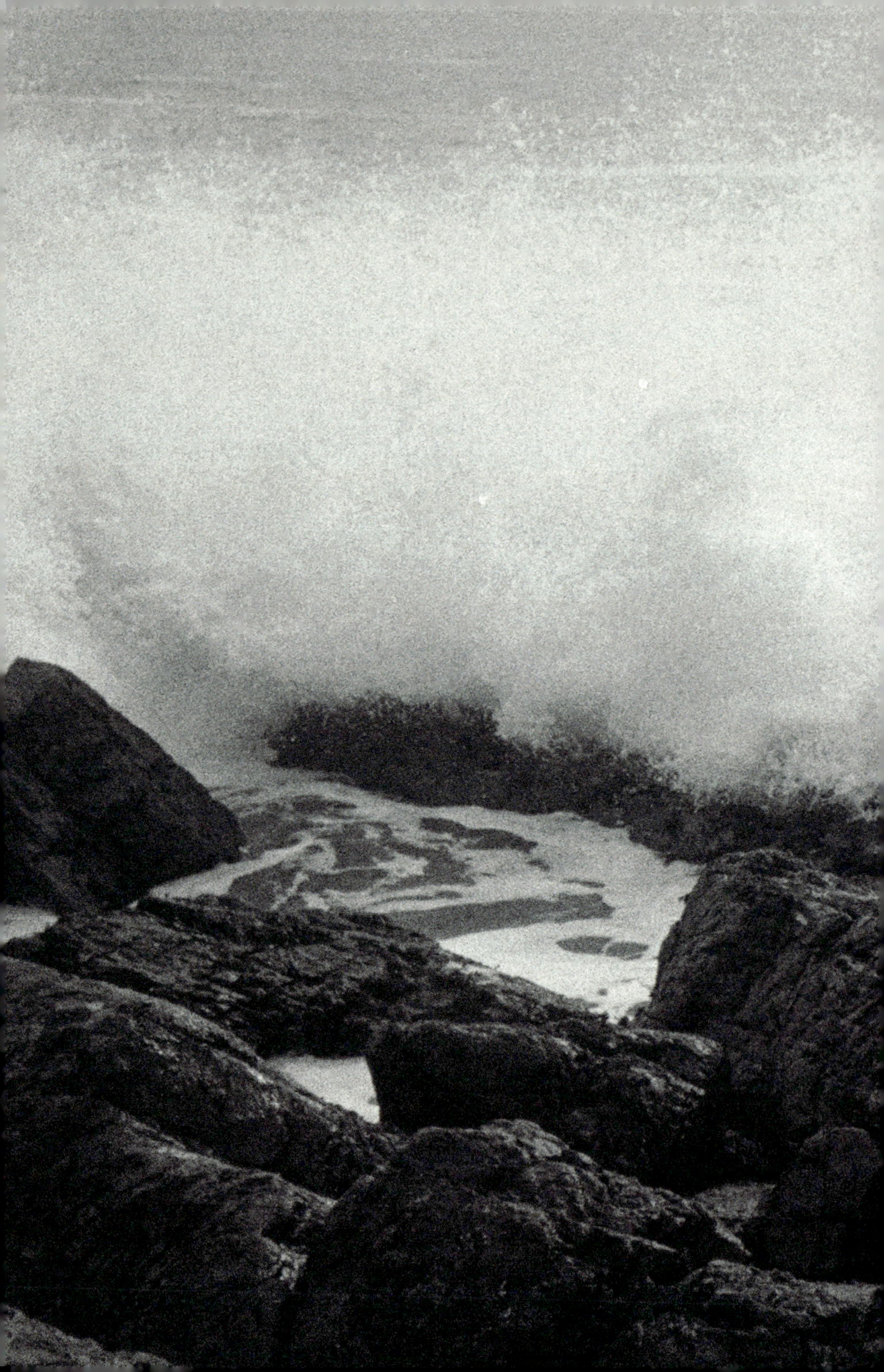

How far can I bend before I break,

how much salt water cover my head before I drown.

So great was the human mermaid attraction that I could
have leapt to my death by drowning.

There were dark thoughts, rooted in nightmare
and the untrusting mind.

I hid among the rocks like a beast,
to lick my wounds.

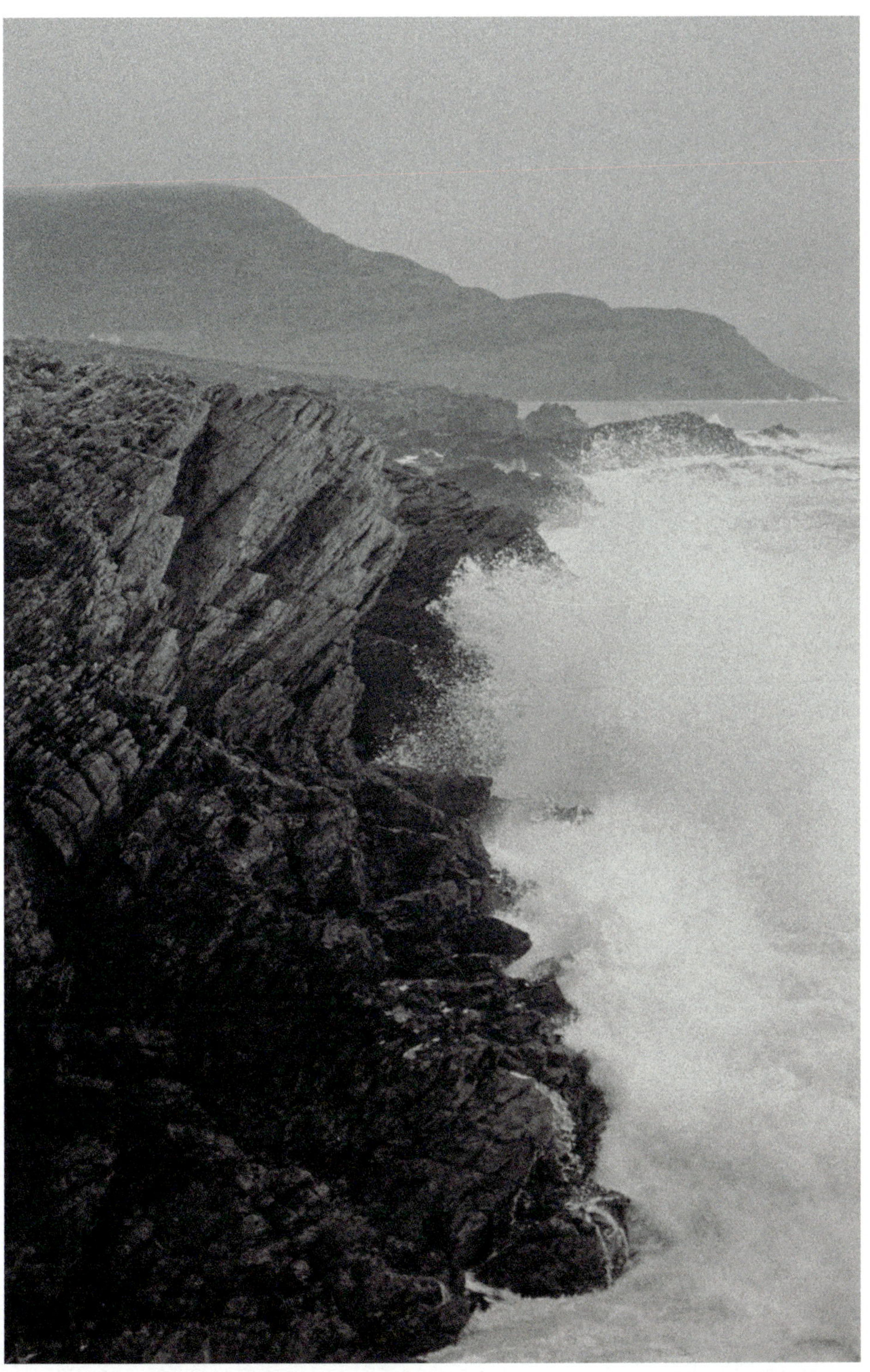

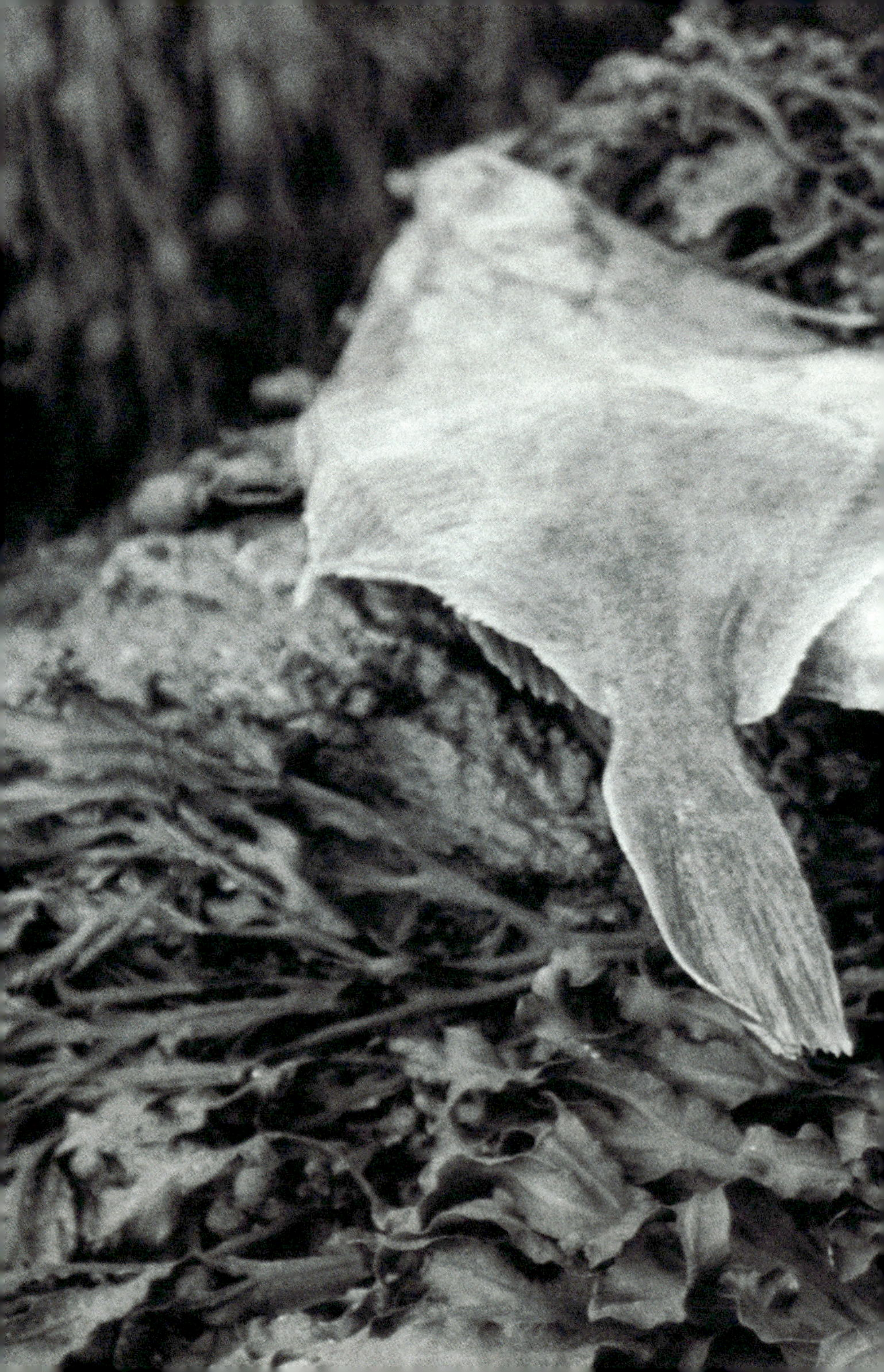

I live like Andromeda bound to the rock rude; often writhing
to free myself yet cherishing my bonds.

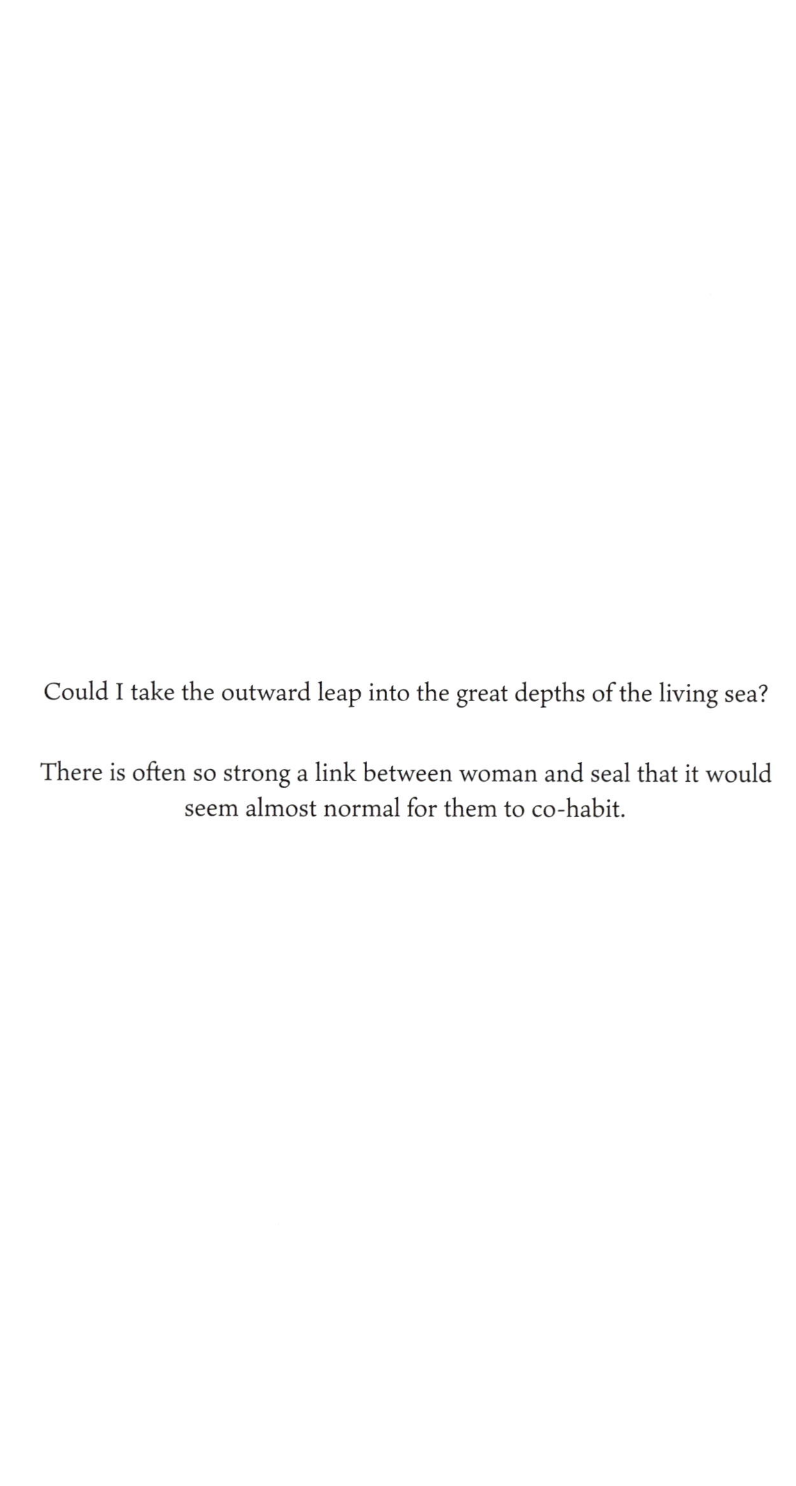

Could I take the outward leap into the great depths of the living sea?

There is often so strong a link between woman and seal that it would
seem almost normal for them to co-habit.

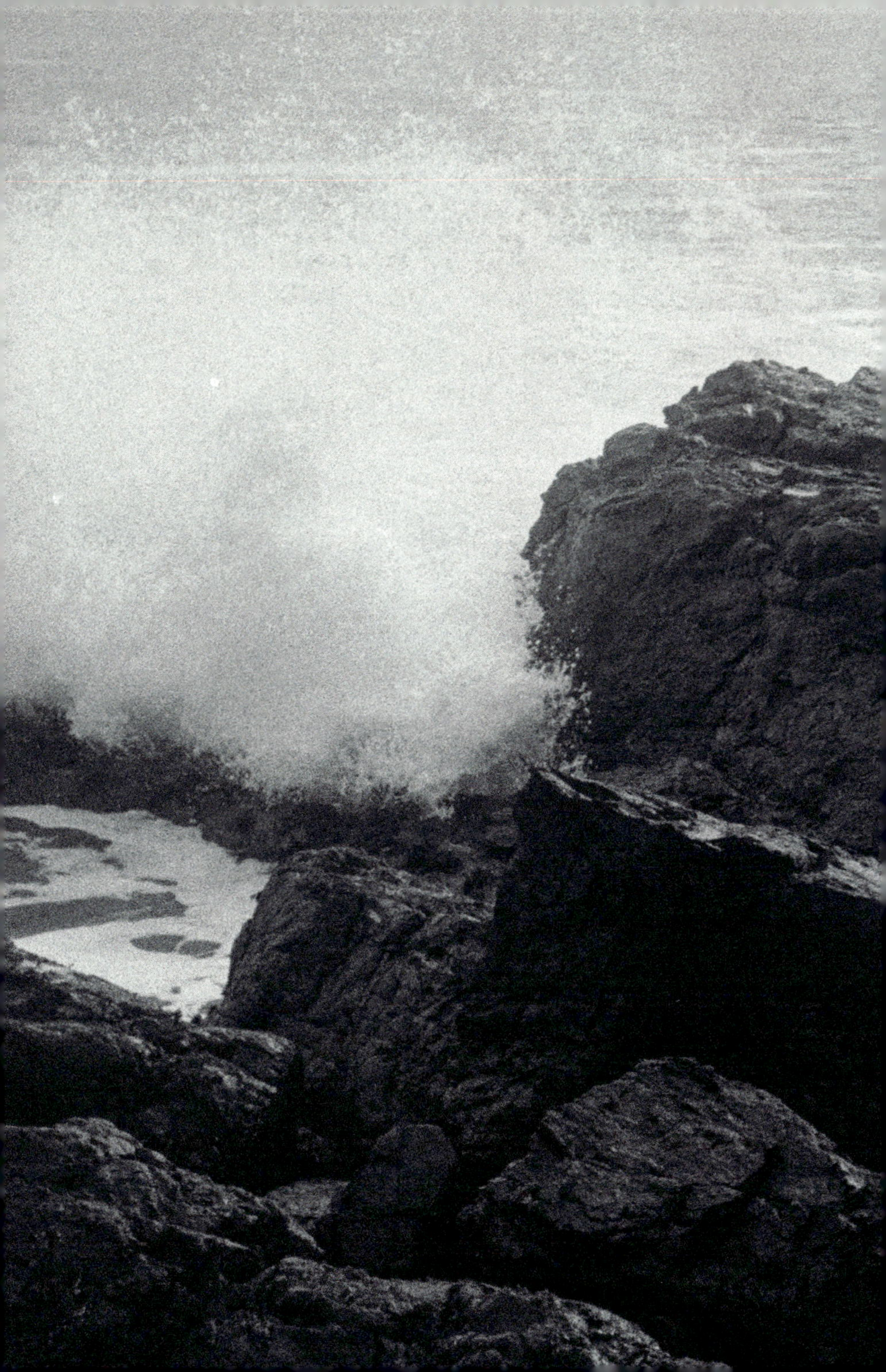

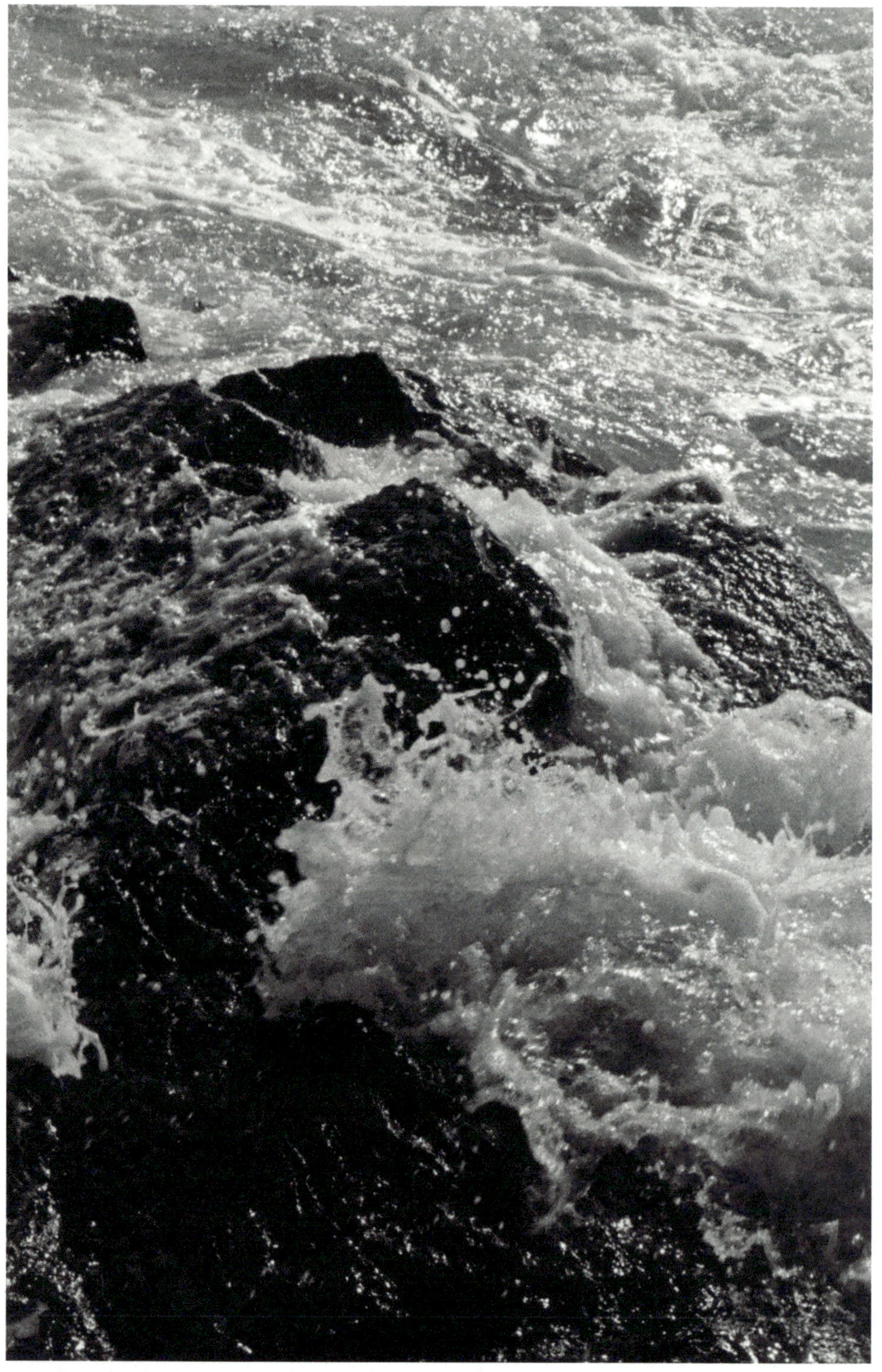

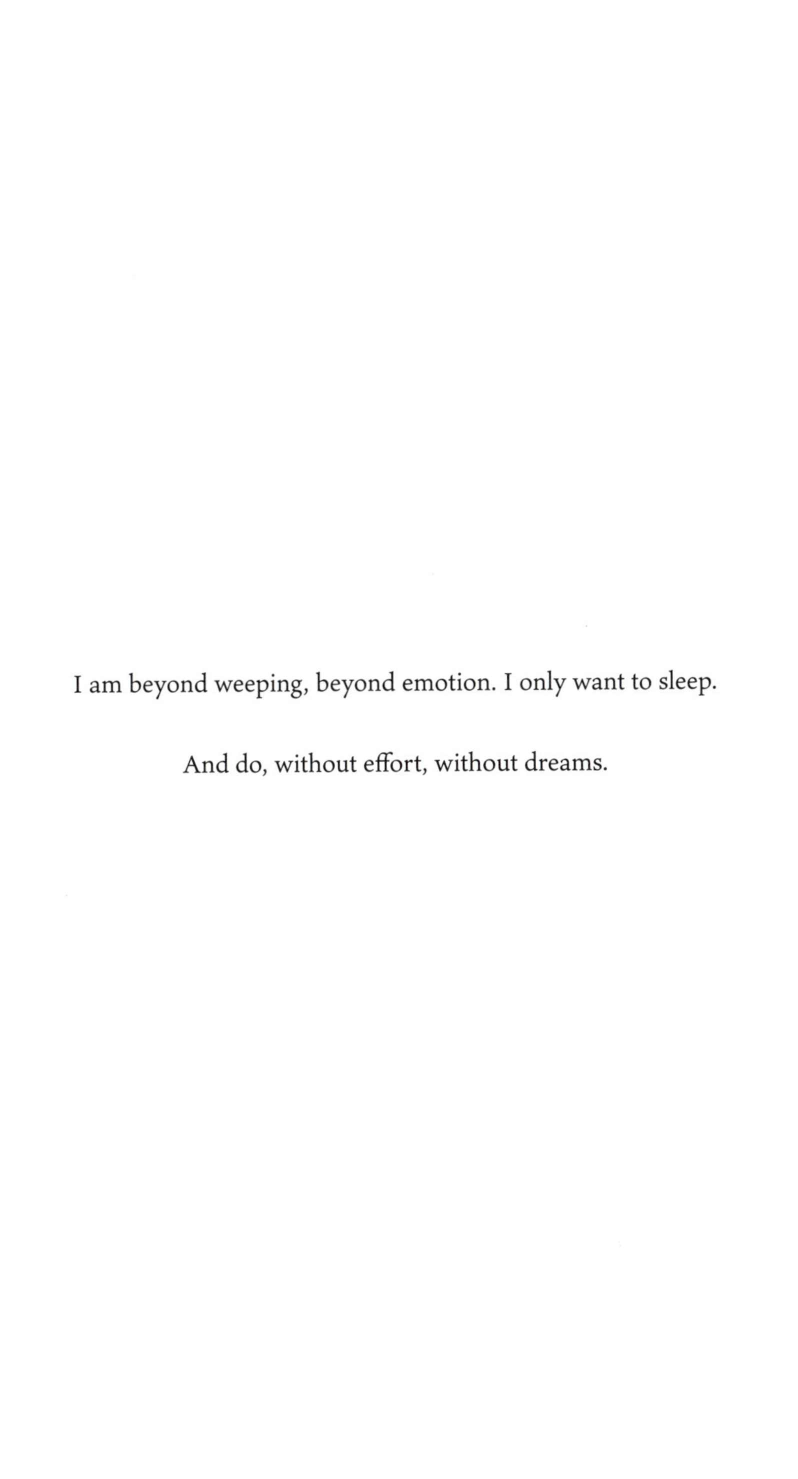

I am beyond weeping, beyond emotion. I only want to sleep.

And do, without effort, without dreams.

Out of dream, I swam to consciousness,
painfully leaving the dark figures of fantasy.

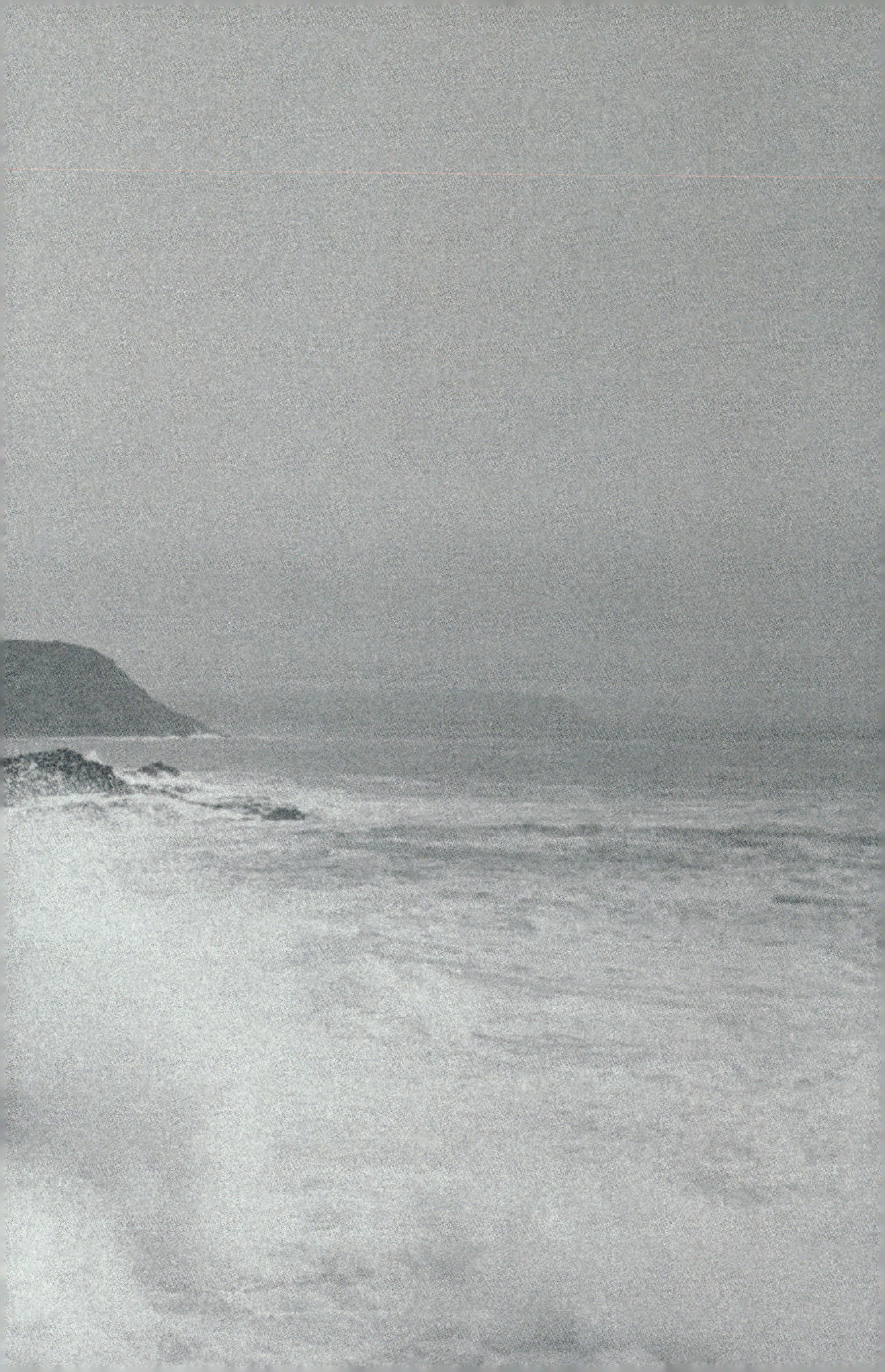

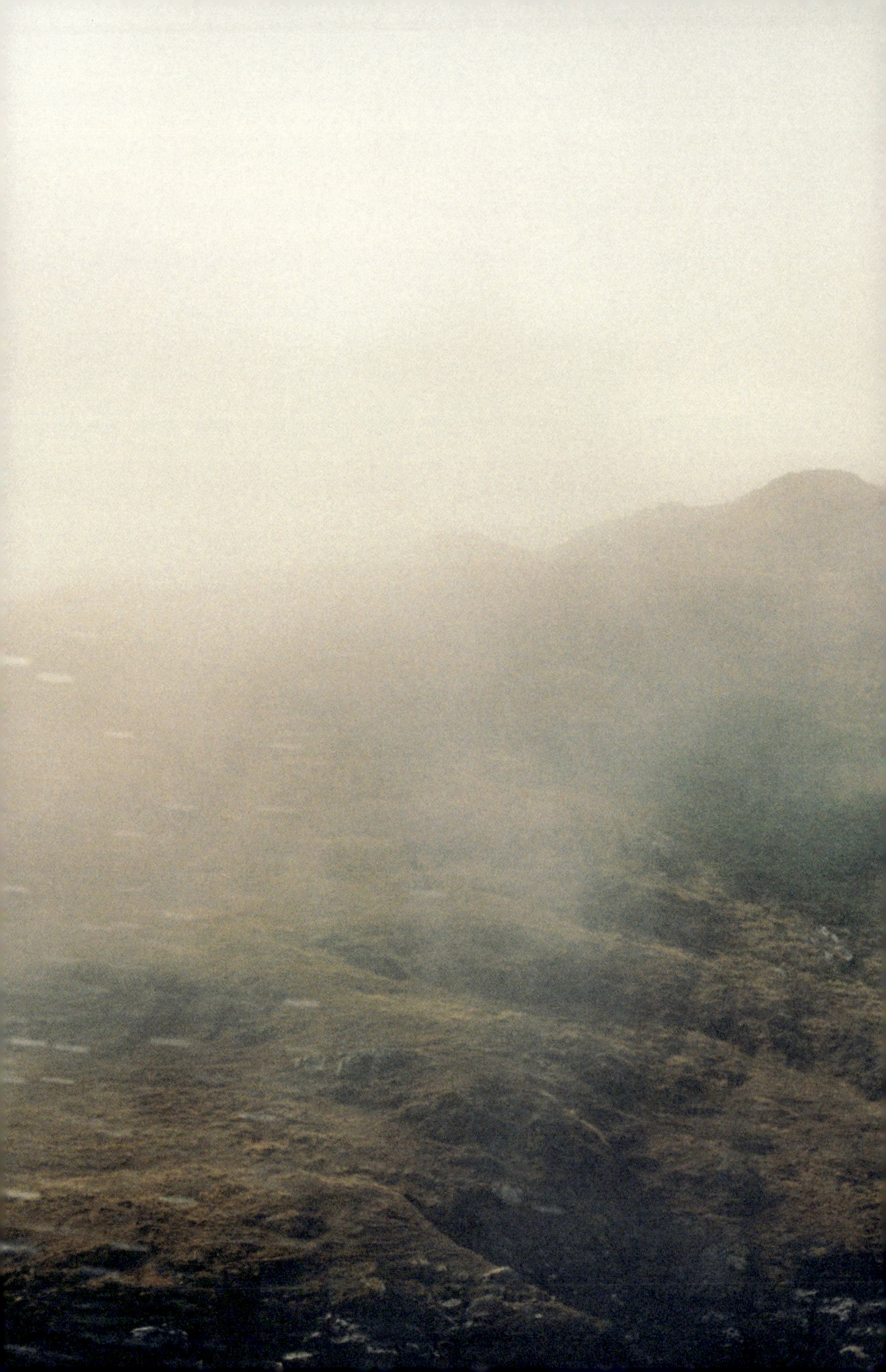

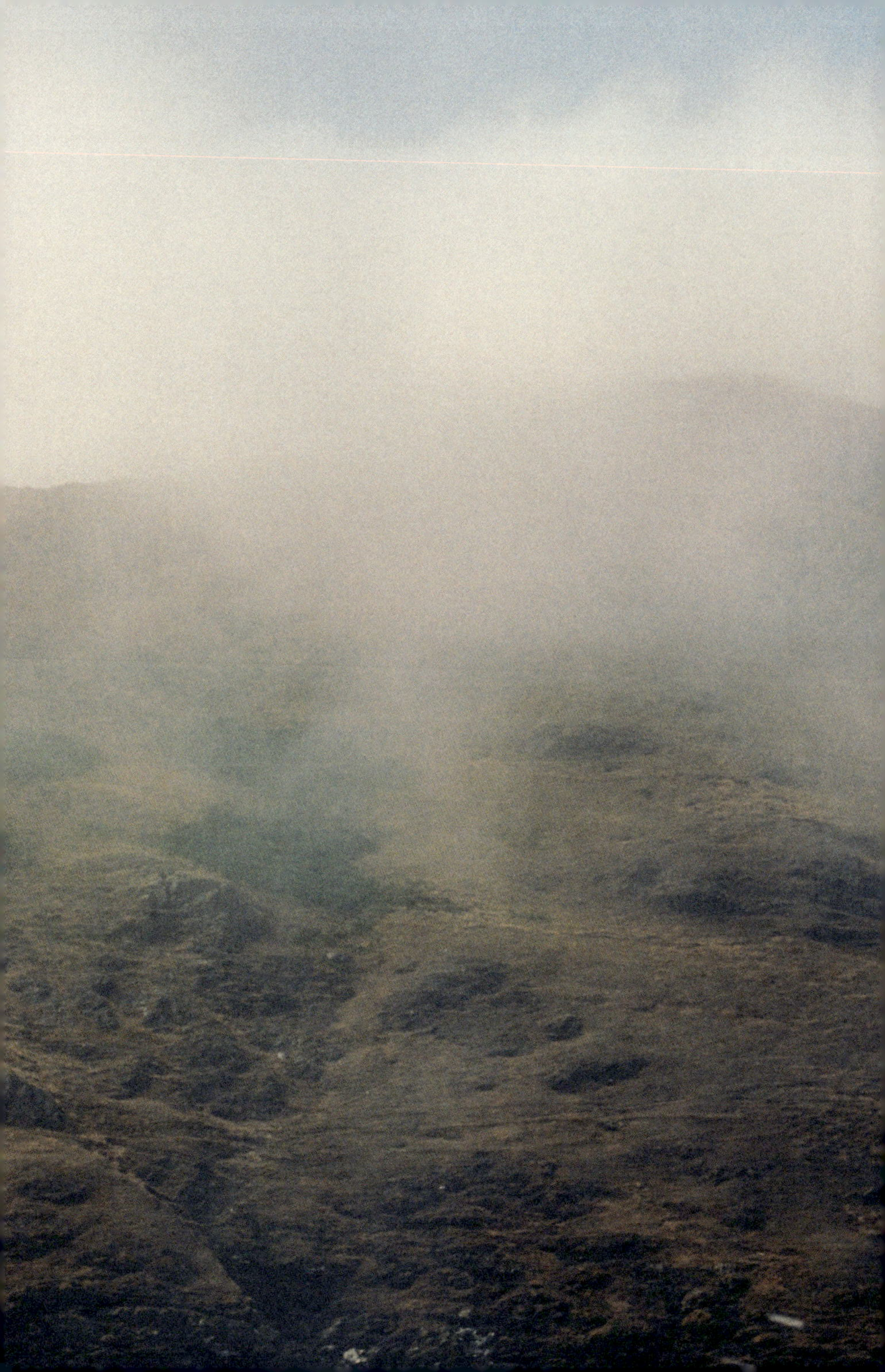

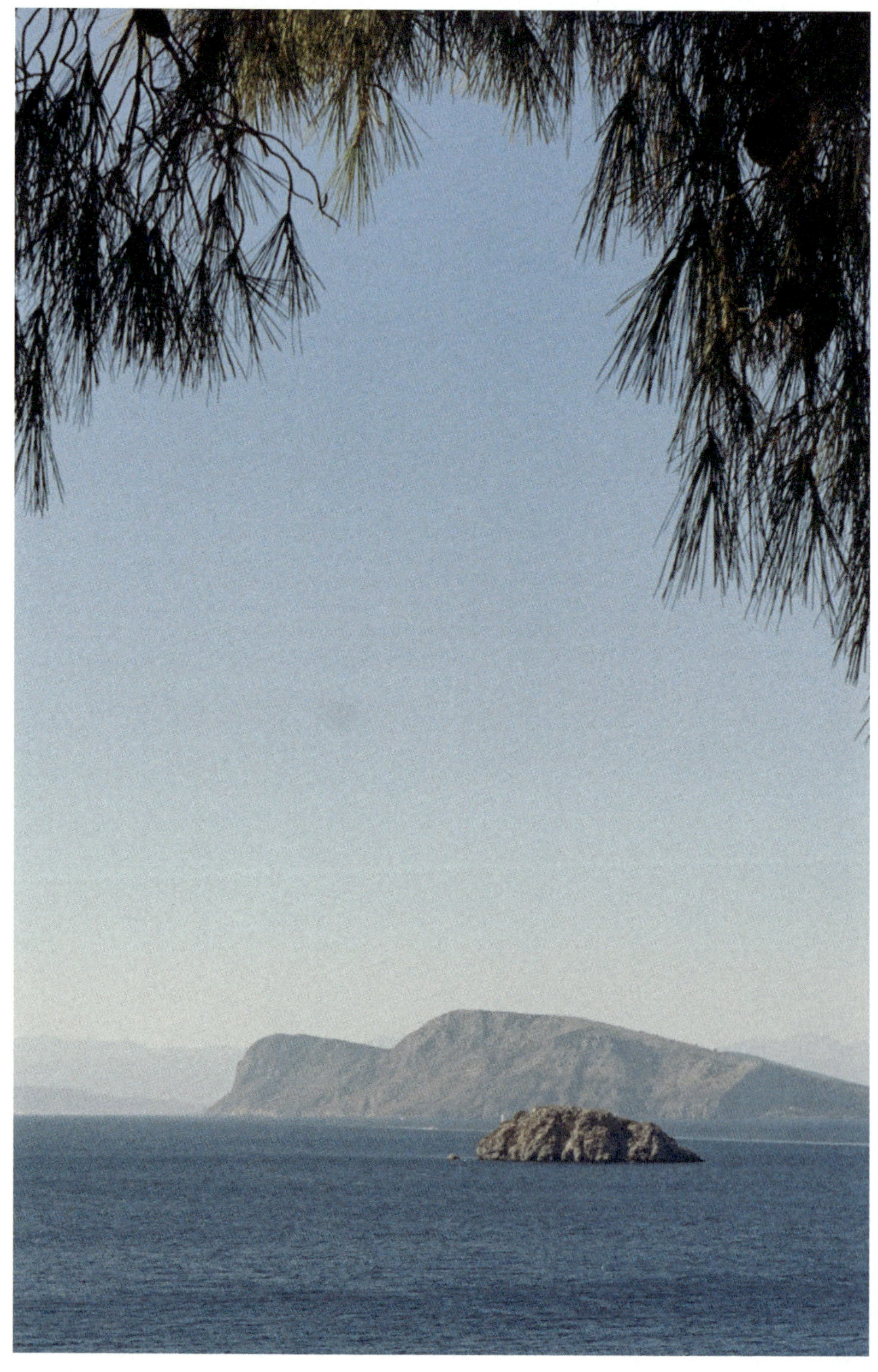

Miracle!

Time did stand still on the waters between here and there.

A powerful duality
exists on this island.

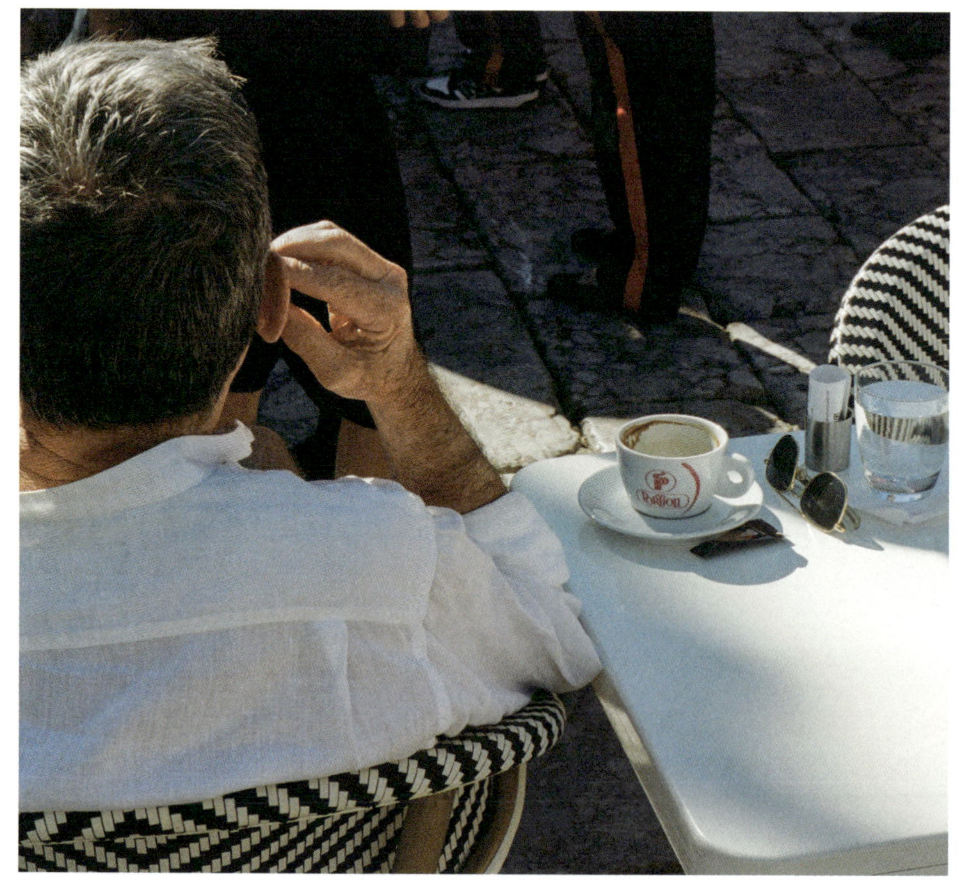

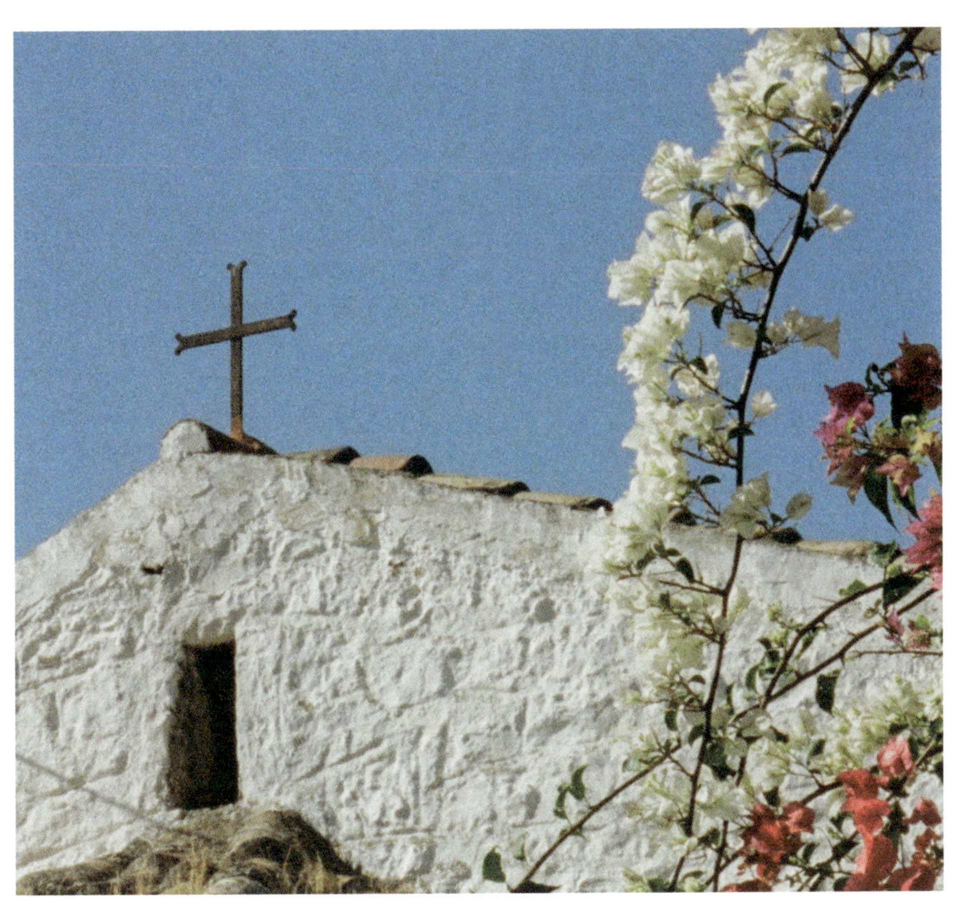

This was life behind glass, muffled and dreamy
after the raw emphasis of the other island.

Here, in the middle of the wild mountain,
was a sense of habitation.

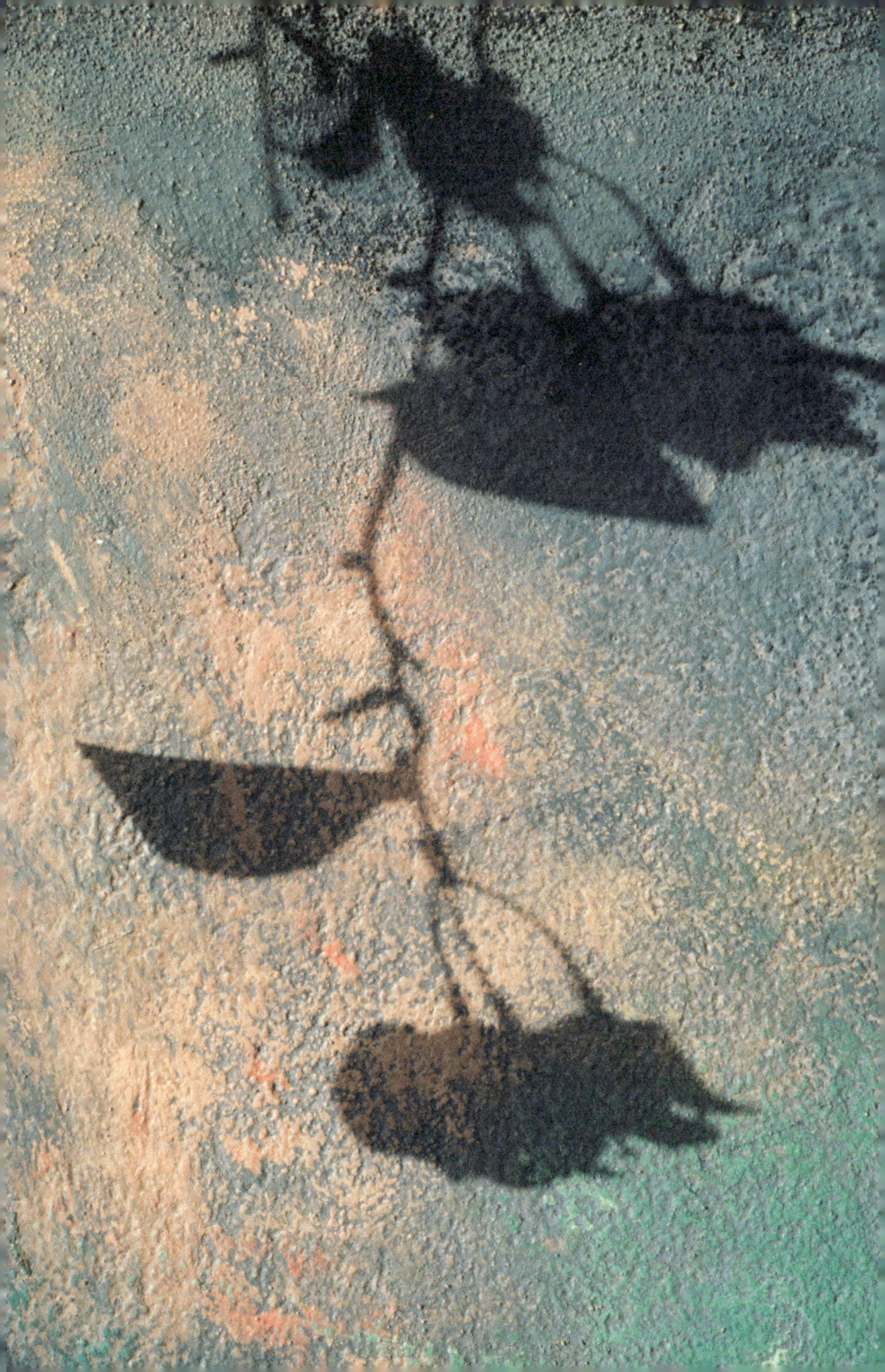

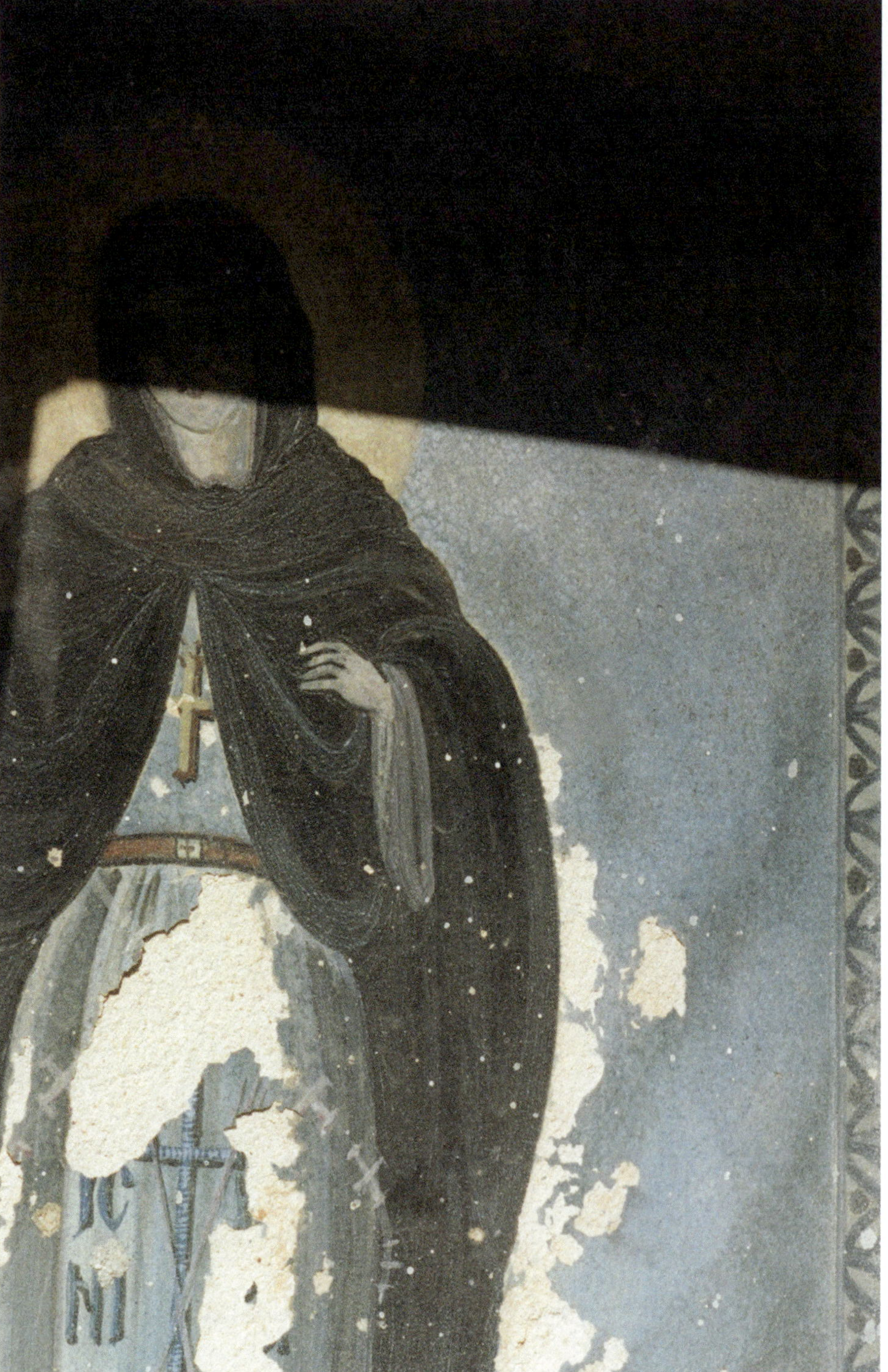

Isn't the secret of living to be committed to someone, to something?

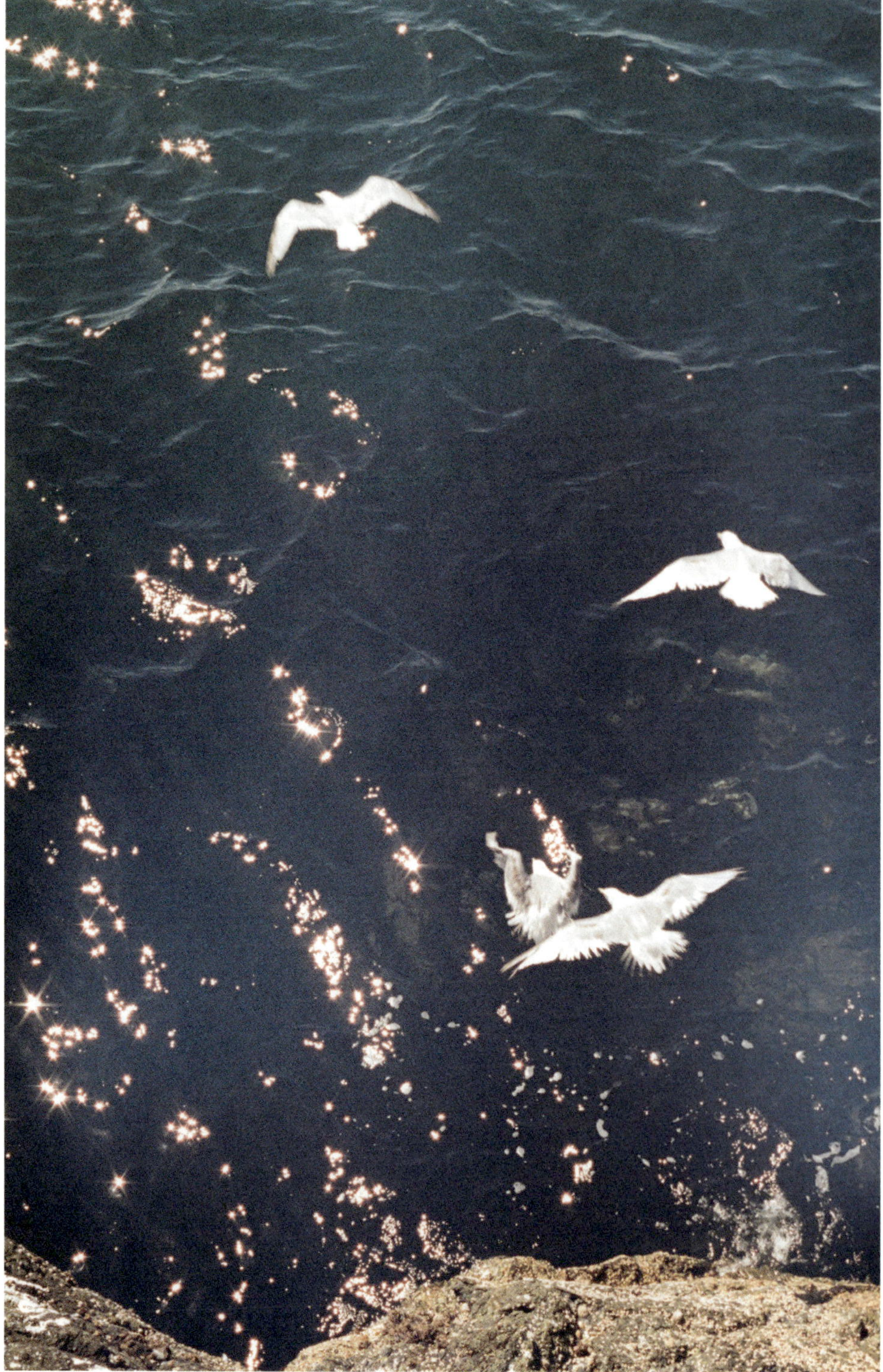

There is happiness to seize, loneliness to bear.

And shall we inhabit stars?

Isn't life sad and strange?

I have spent long hours looking into my heart.

Can one's experience of life deepen and deepen, or is there a point at which the heart has had too much strain put on it, and surfeited shuts its valves, being unable to expand any more?

This herb under Saturn draws melancholy
humours from the region of the heart.

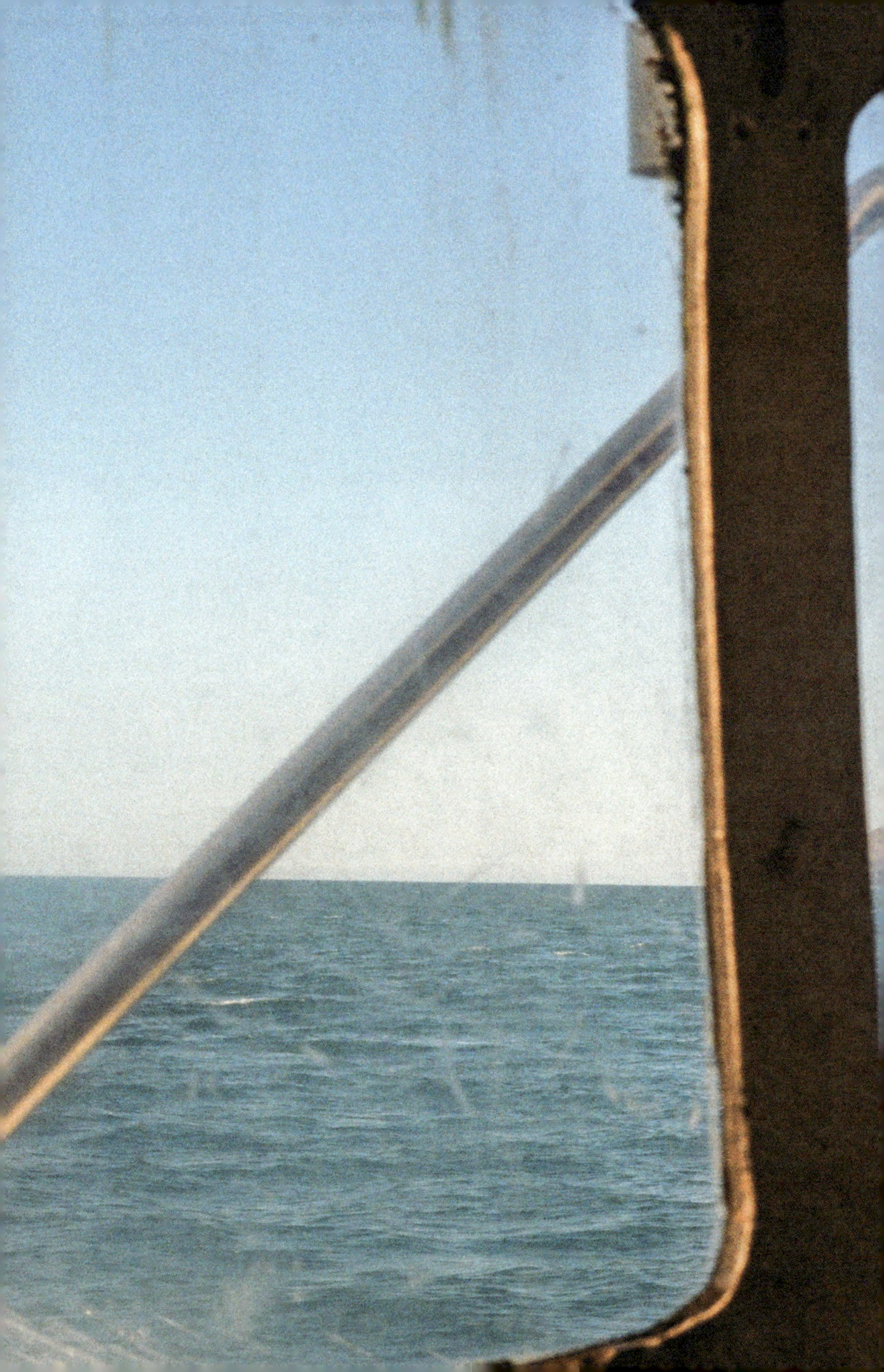

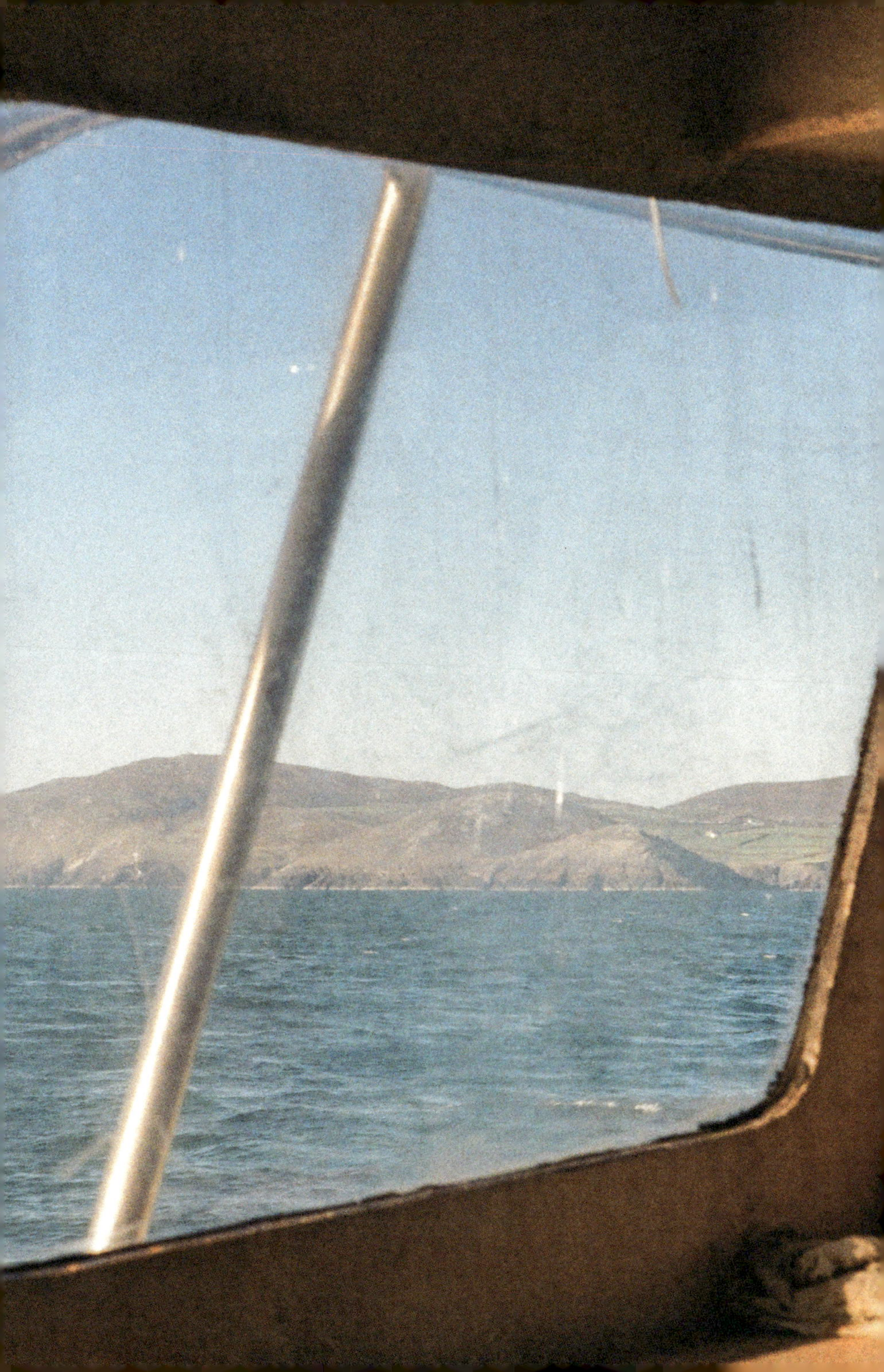

This was to be an afternoon of daylight dream.

The island wore a deceptive summer innocence like a
flower garden in which a serpent lay asleep.

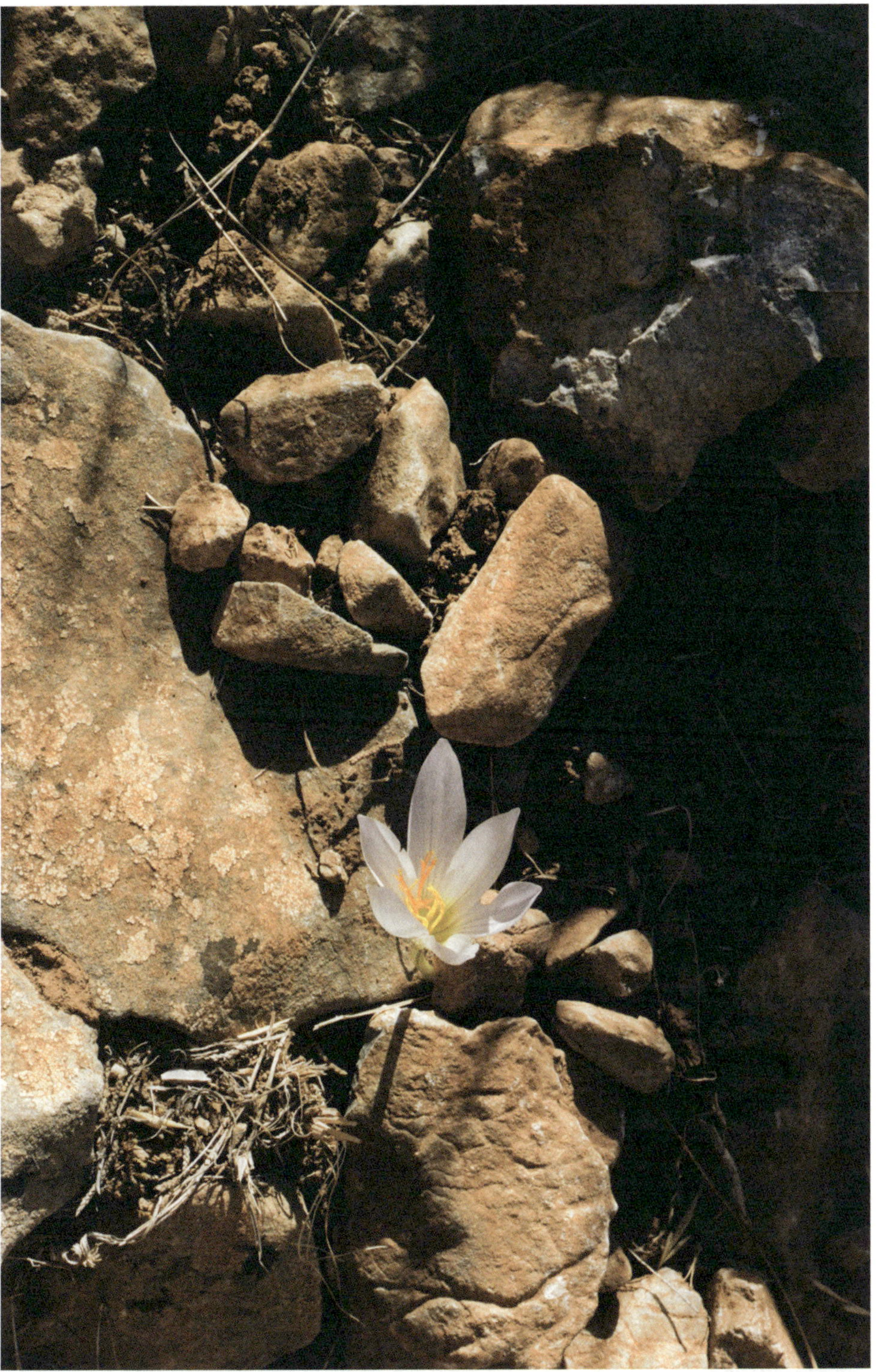

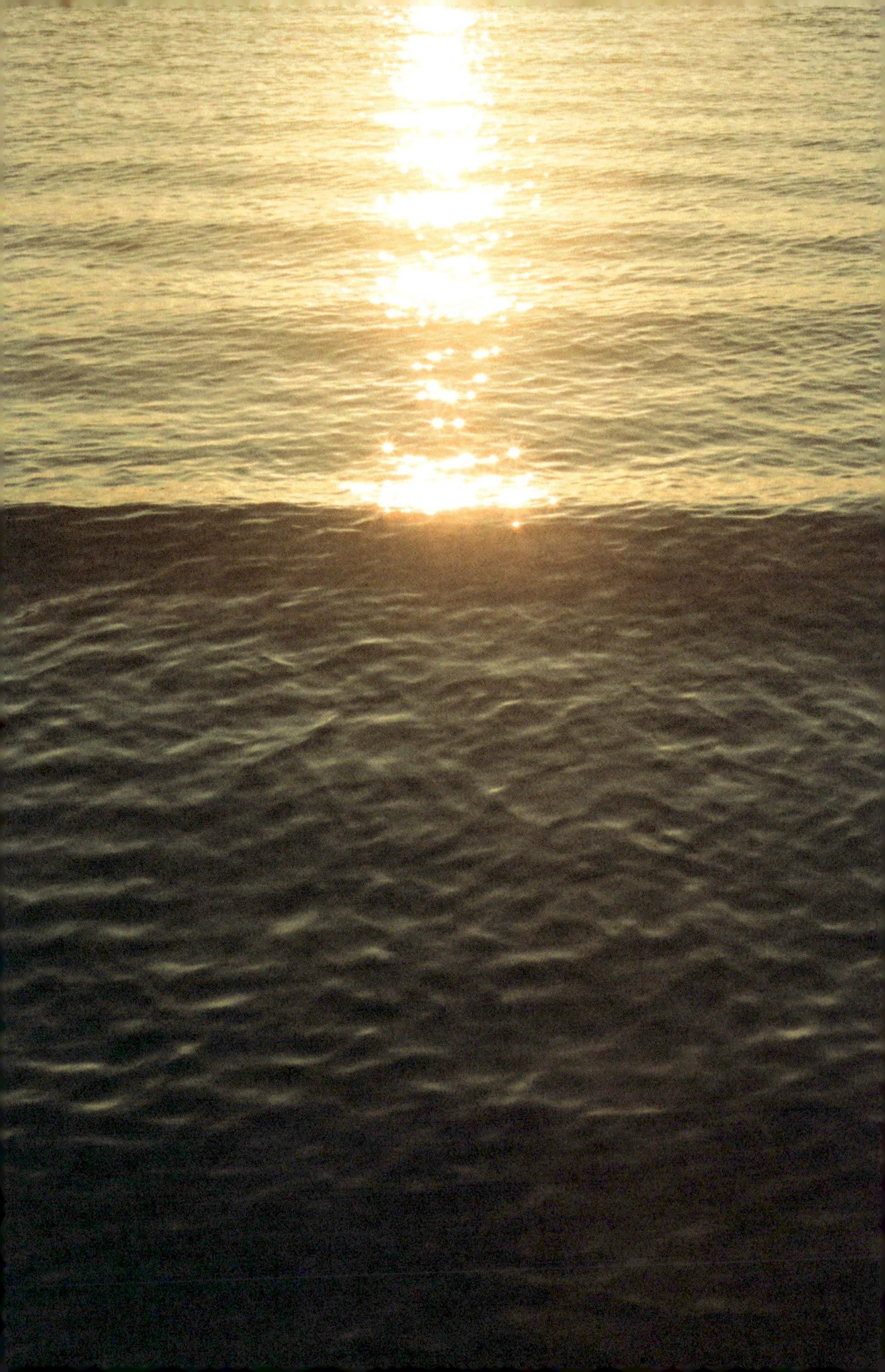

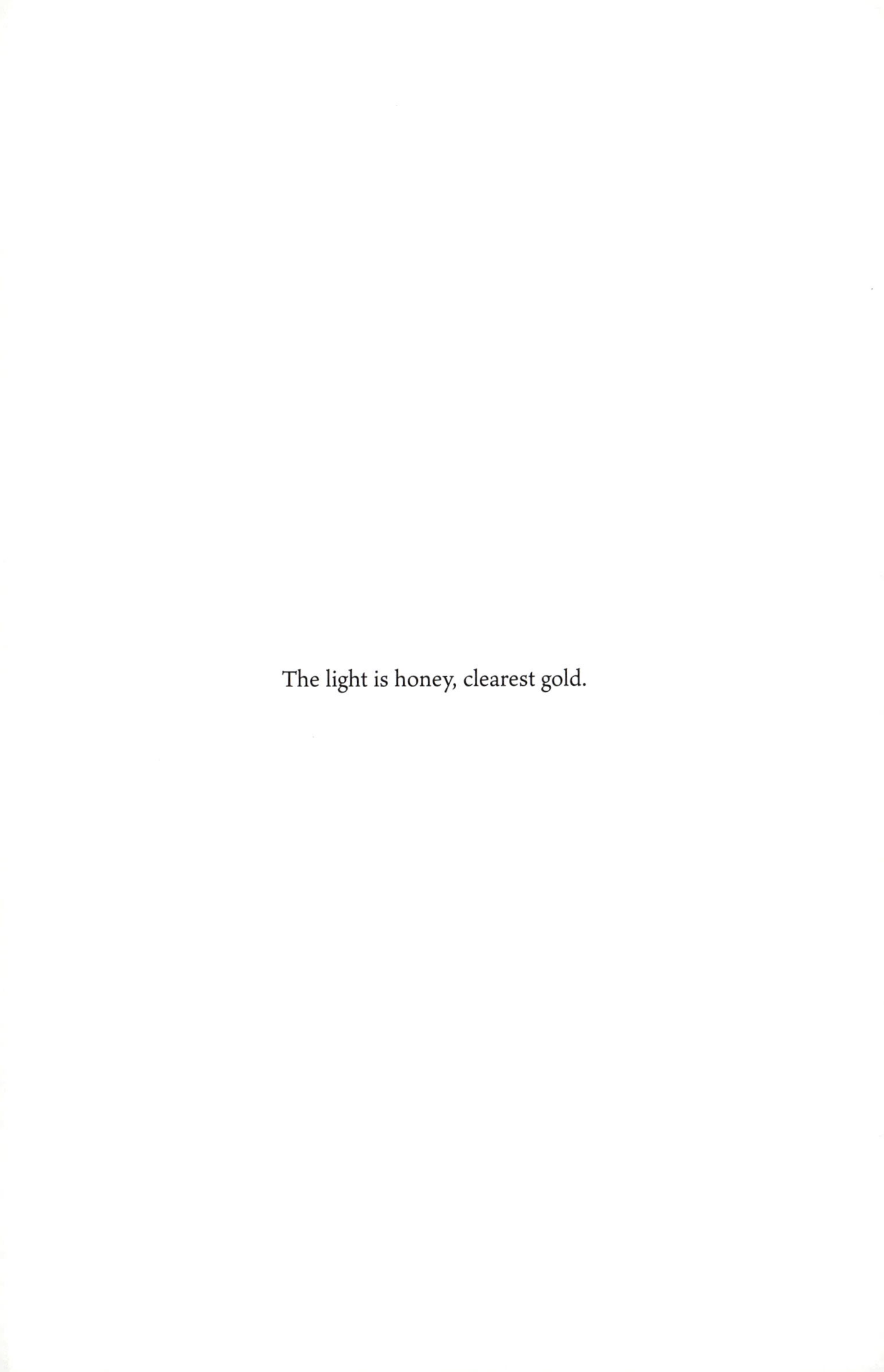

The light is honey, clearest gold.

I spent a long time on the mountain looking out to sea.

Here at last I am, for the space of a few days, to live in the
highest circle of heaven.

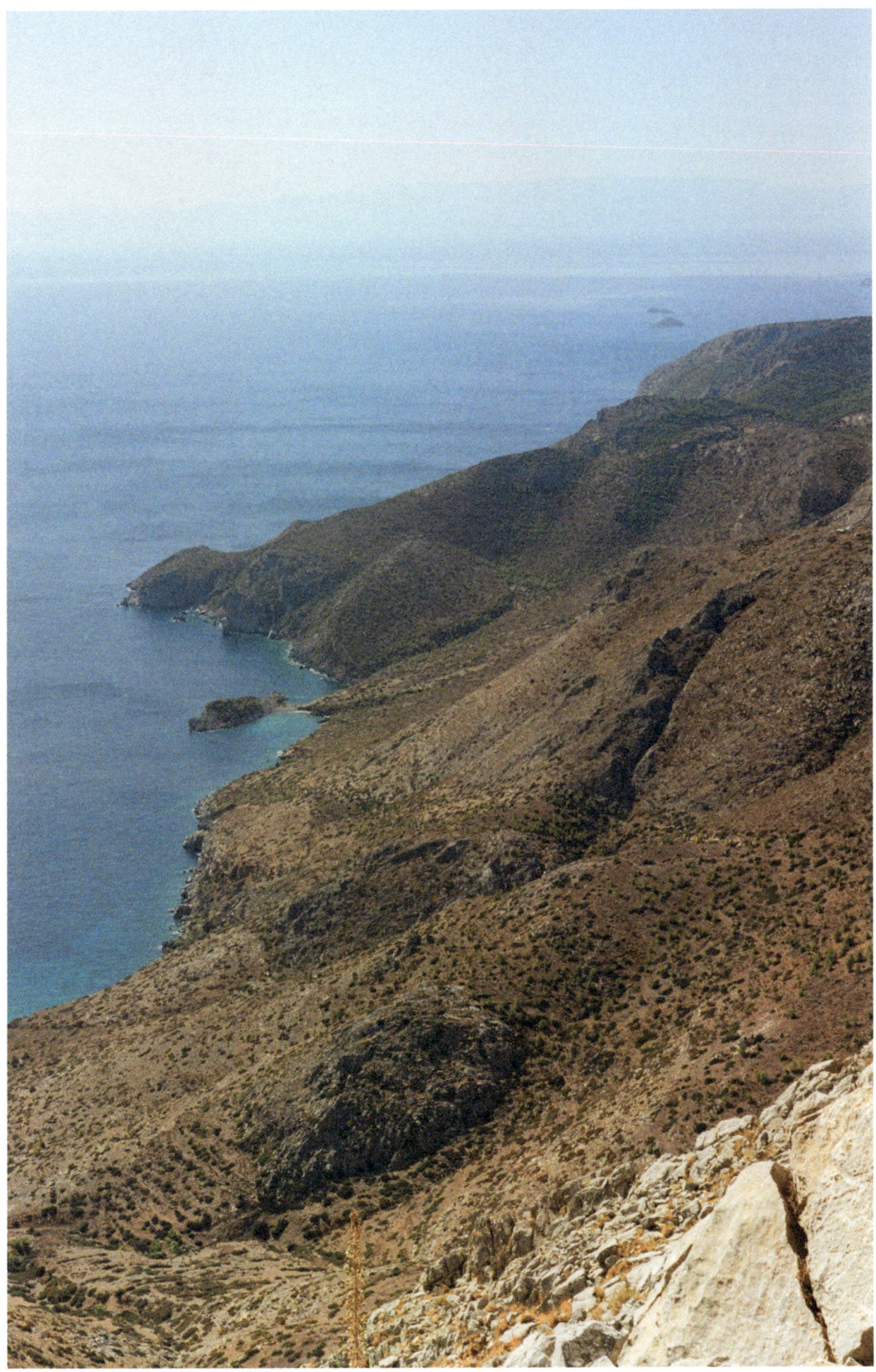

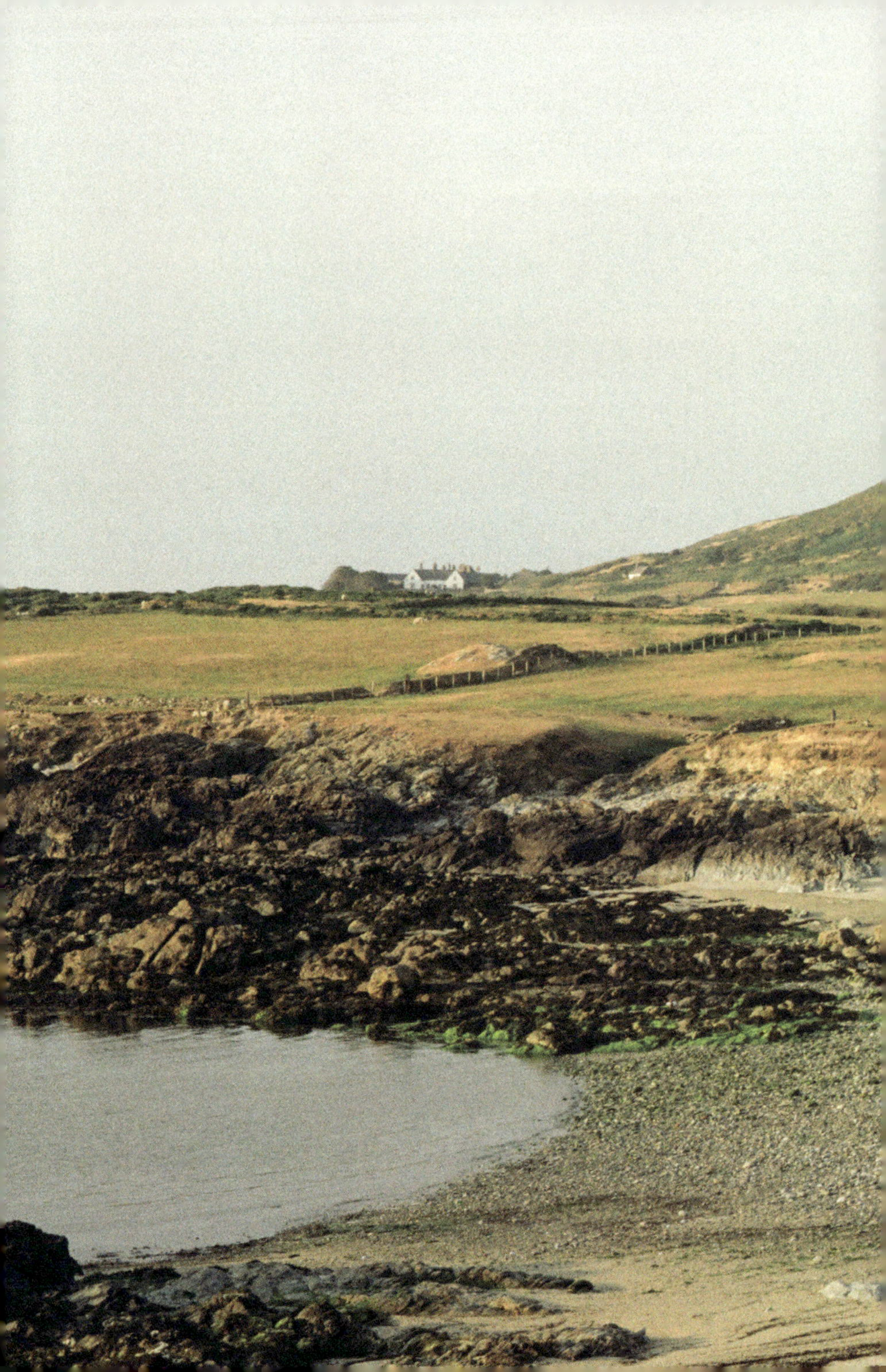

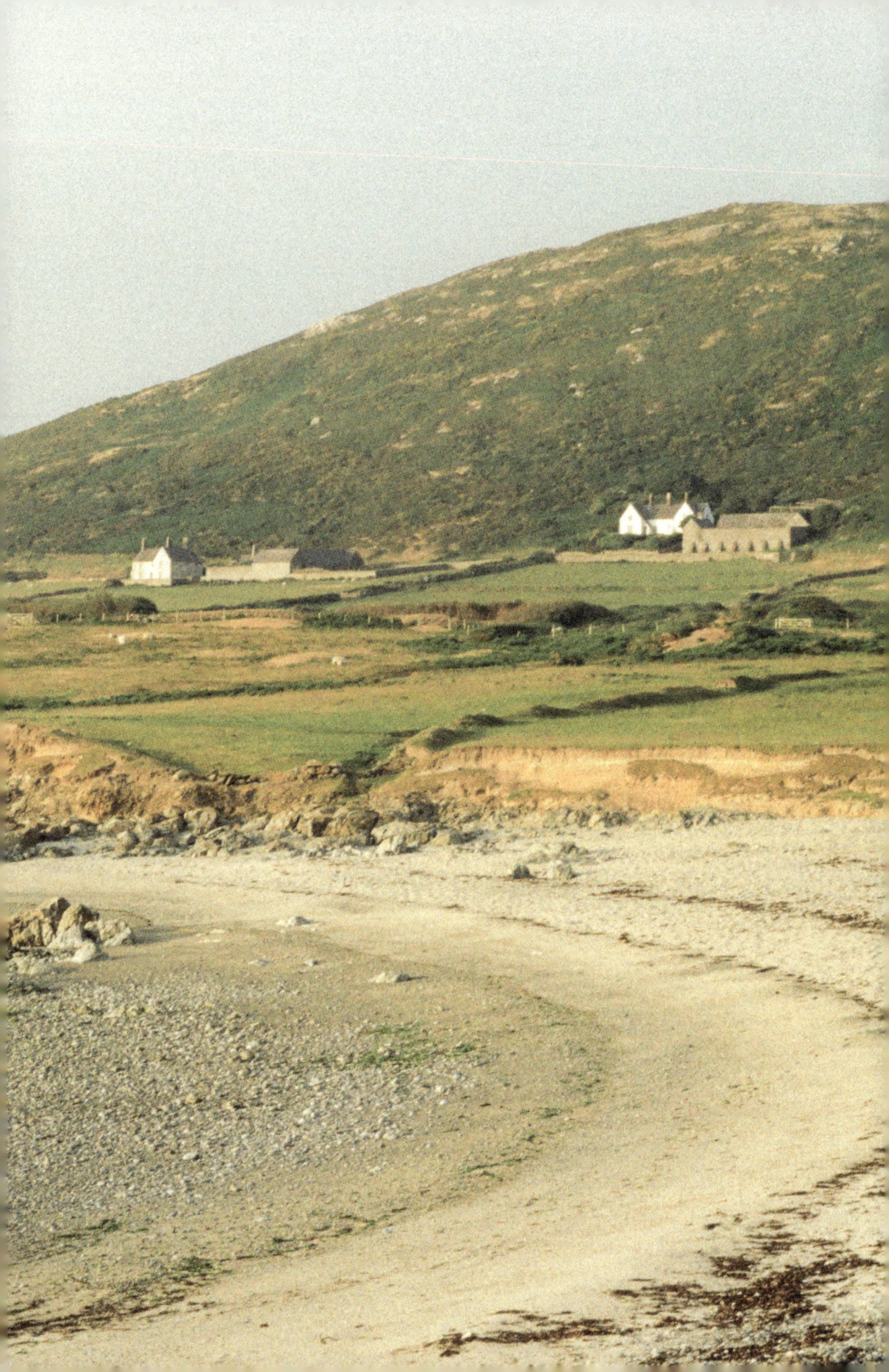

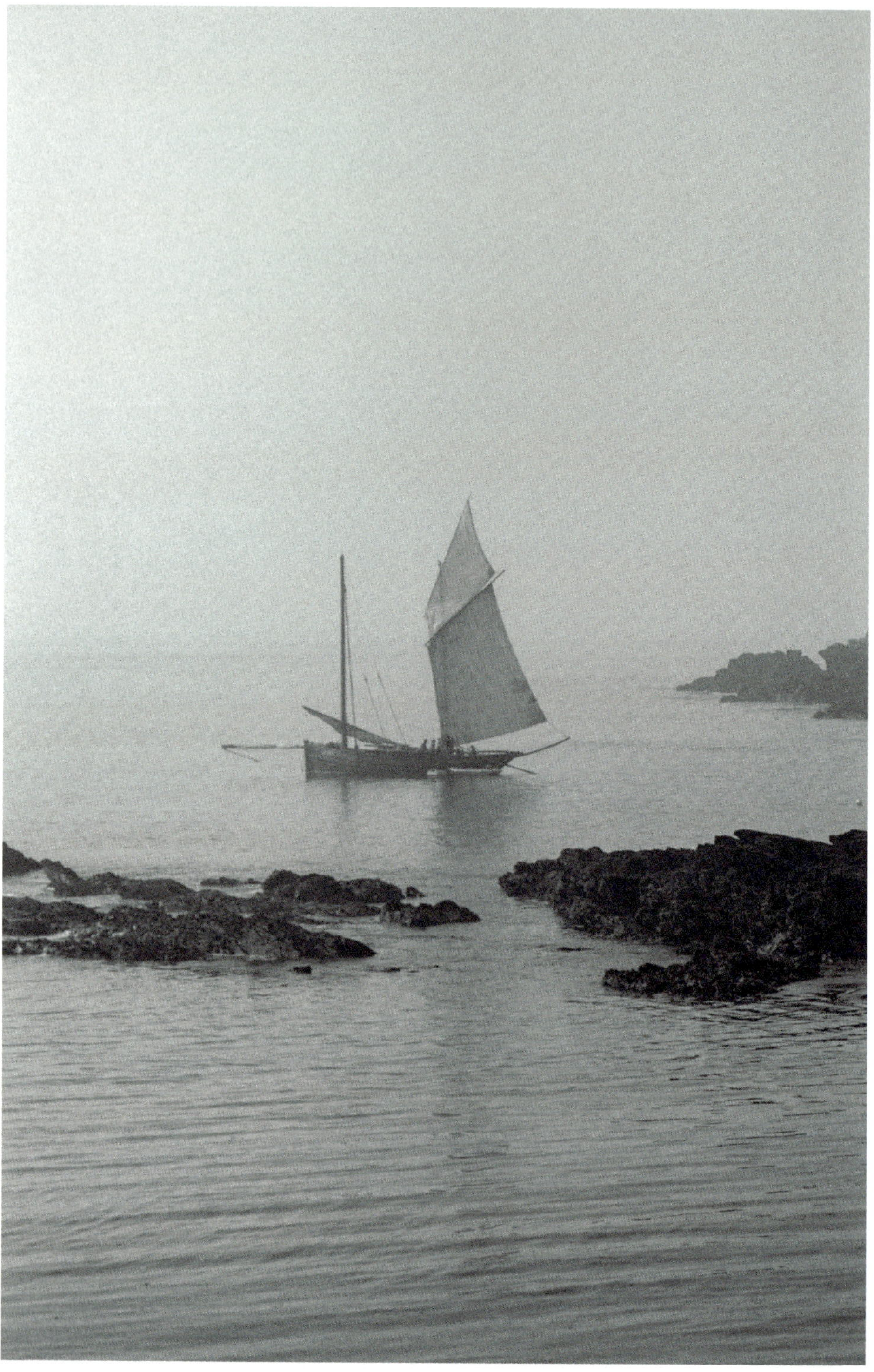

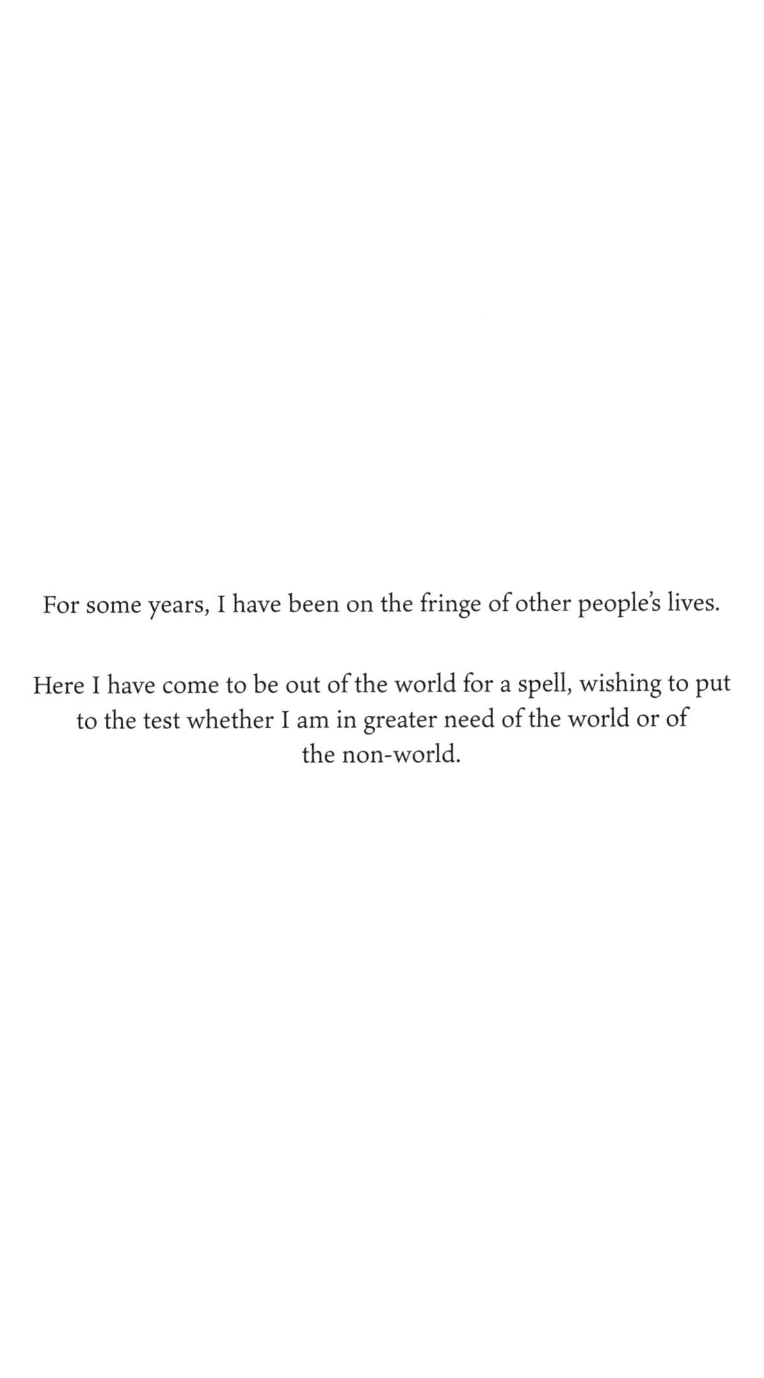

For some years, I have been on the fringe of other people's lives.

Here I have come to be out of the world for a spell, wishing to put
to the test whether I am in greater need of the world or of
the non-world.

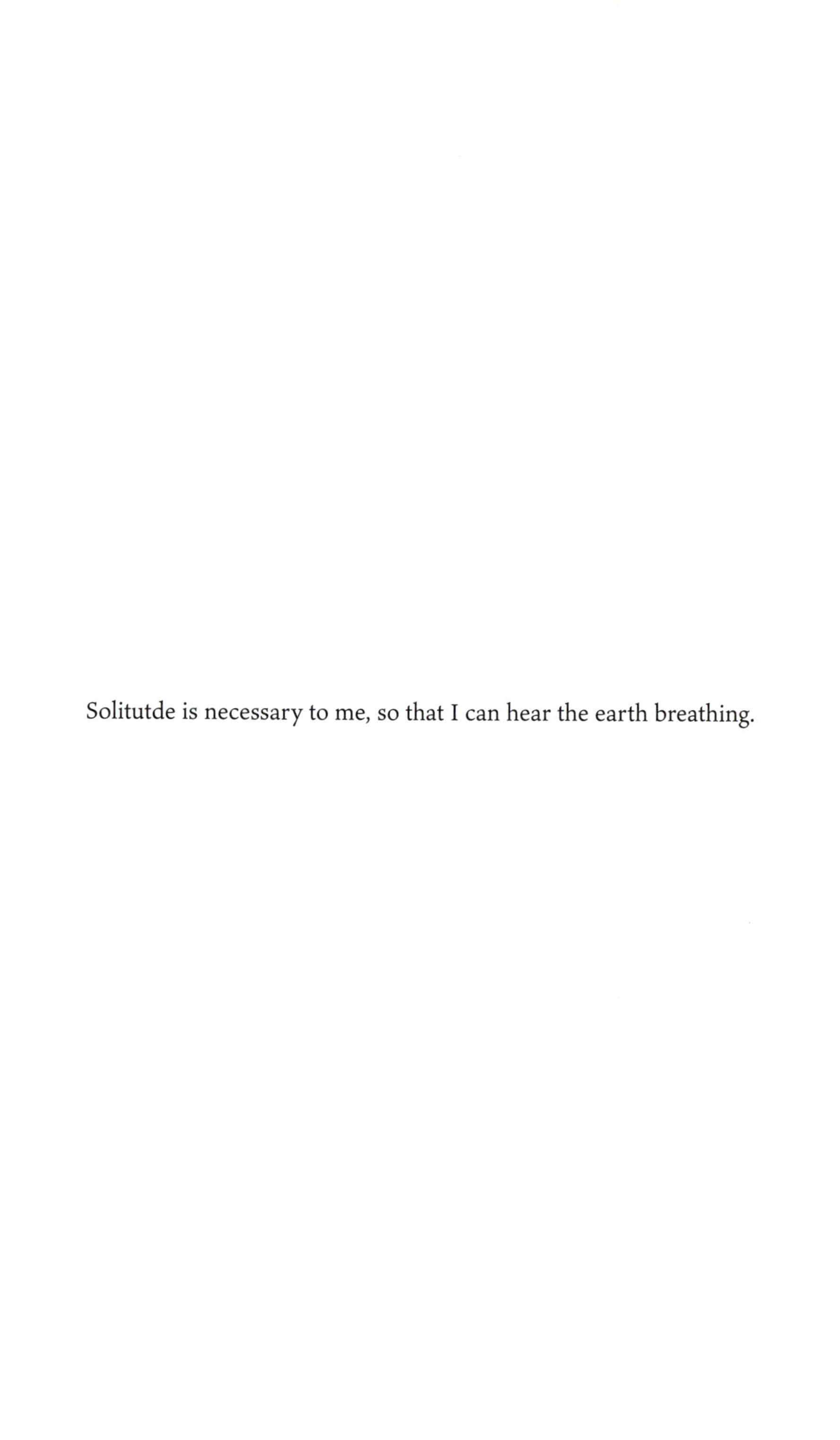

Solitutde is necessary to me, so that I can hear the earth breathing.

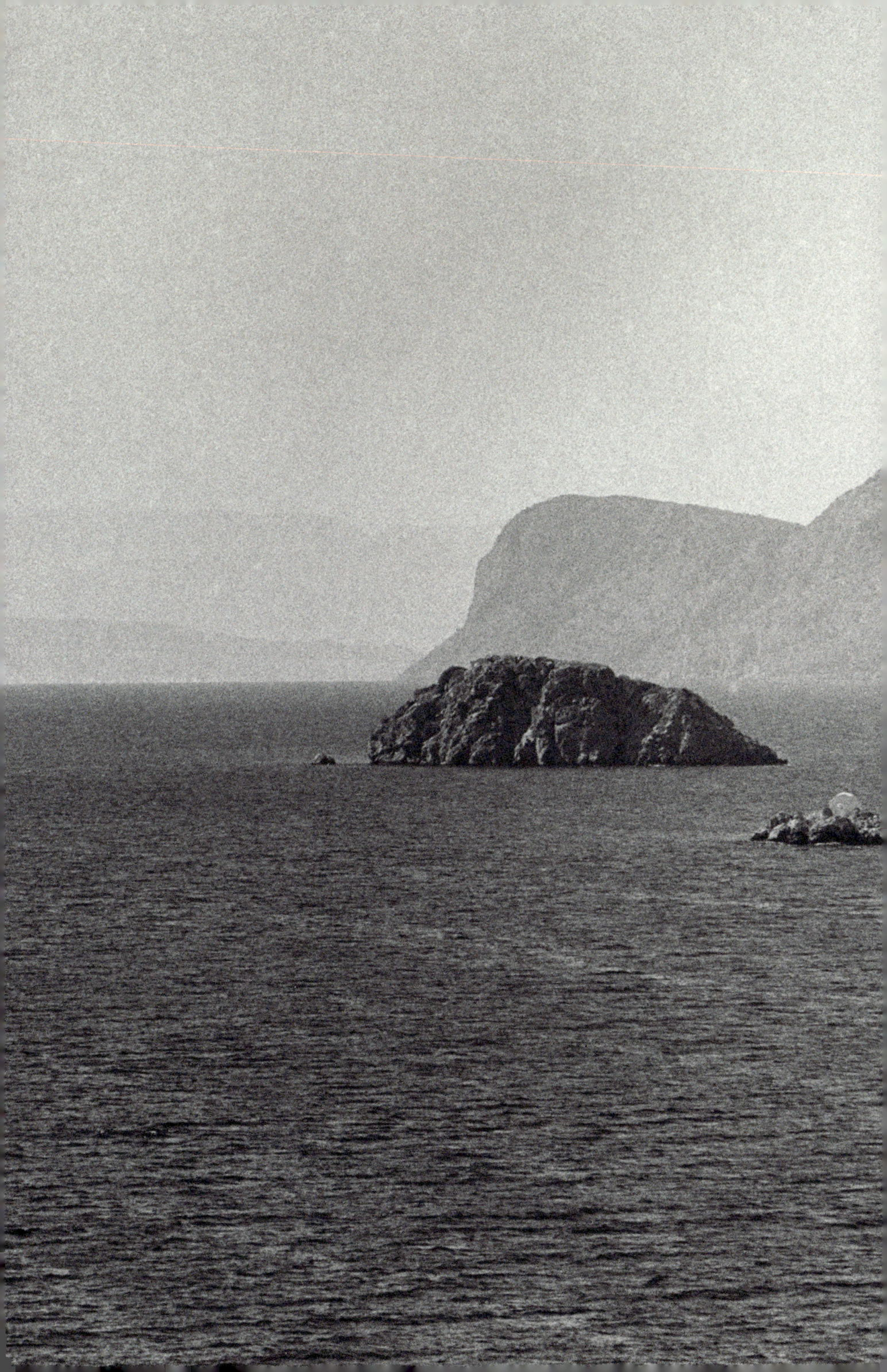

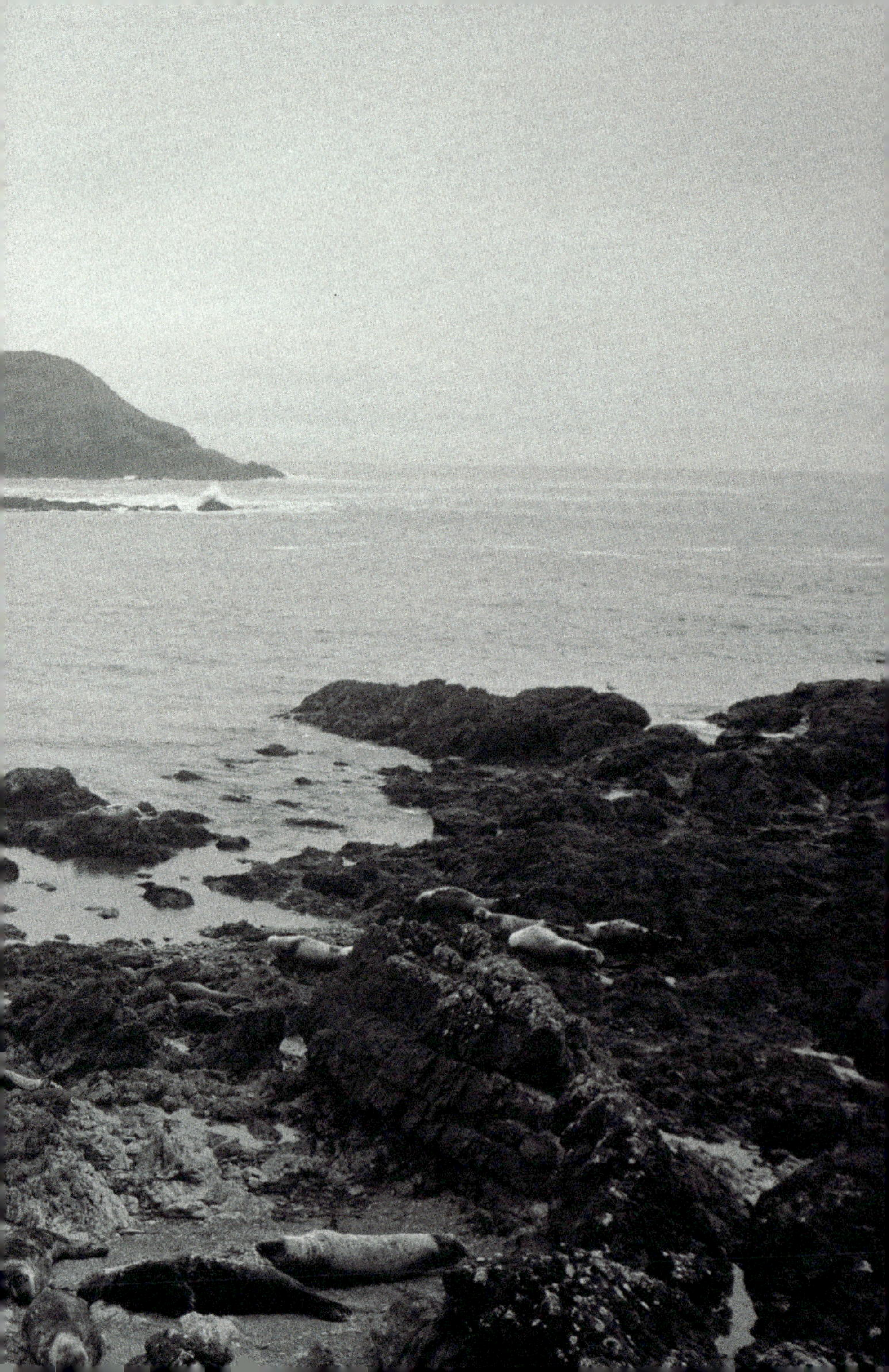

I found that I was beginning to belong to the sea.

Sometimes, truly, it would appear that life as it is called,
is part of the world of dreams.

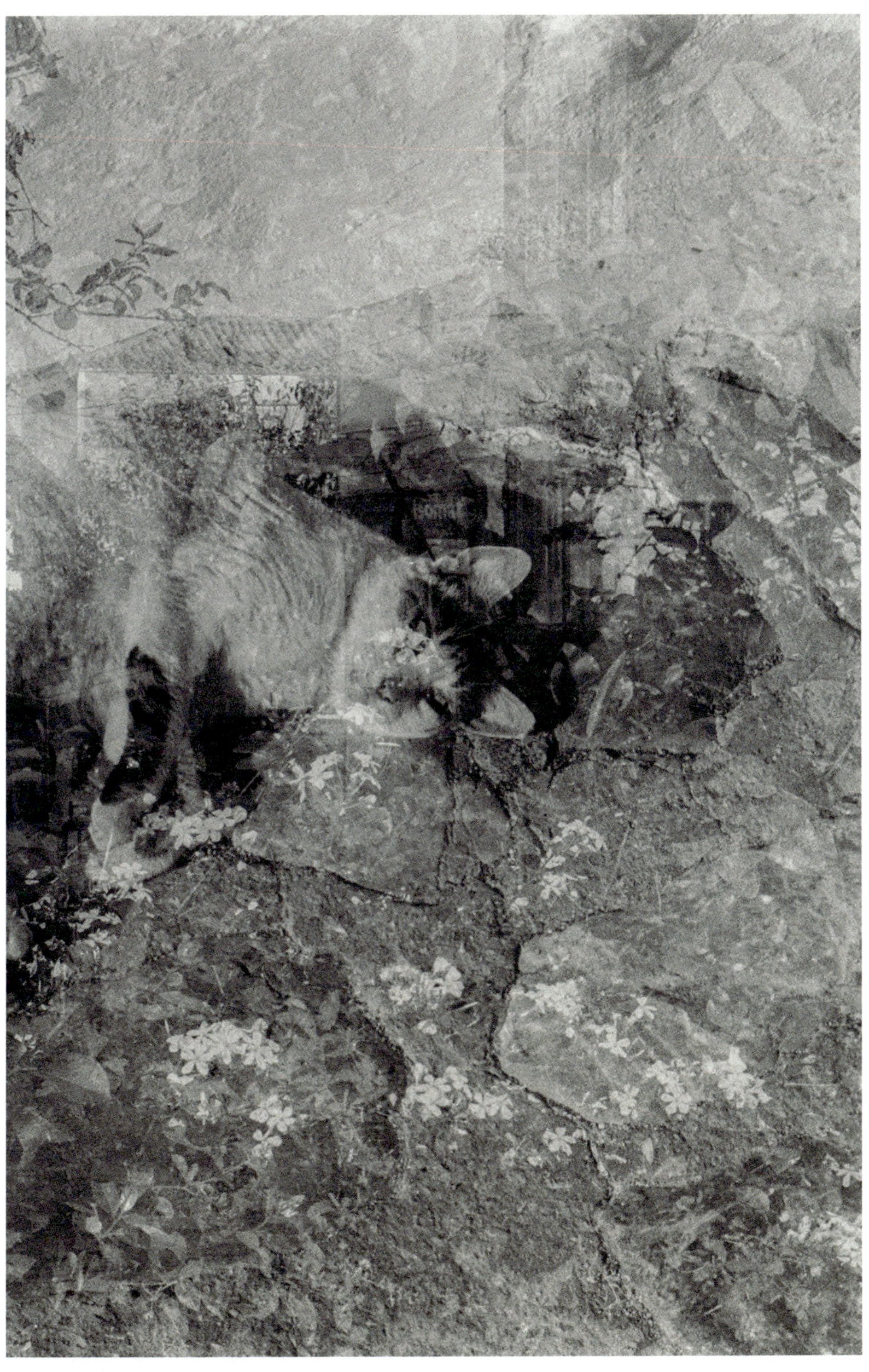

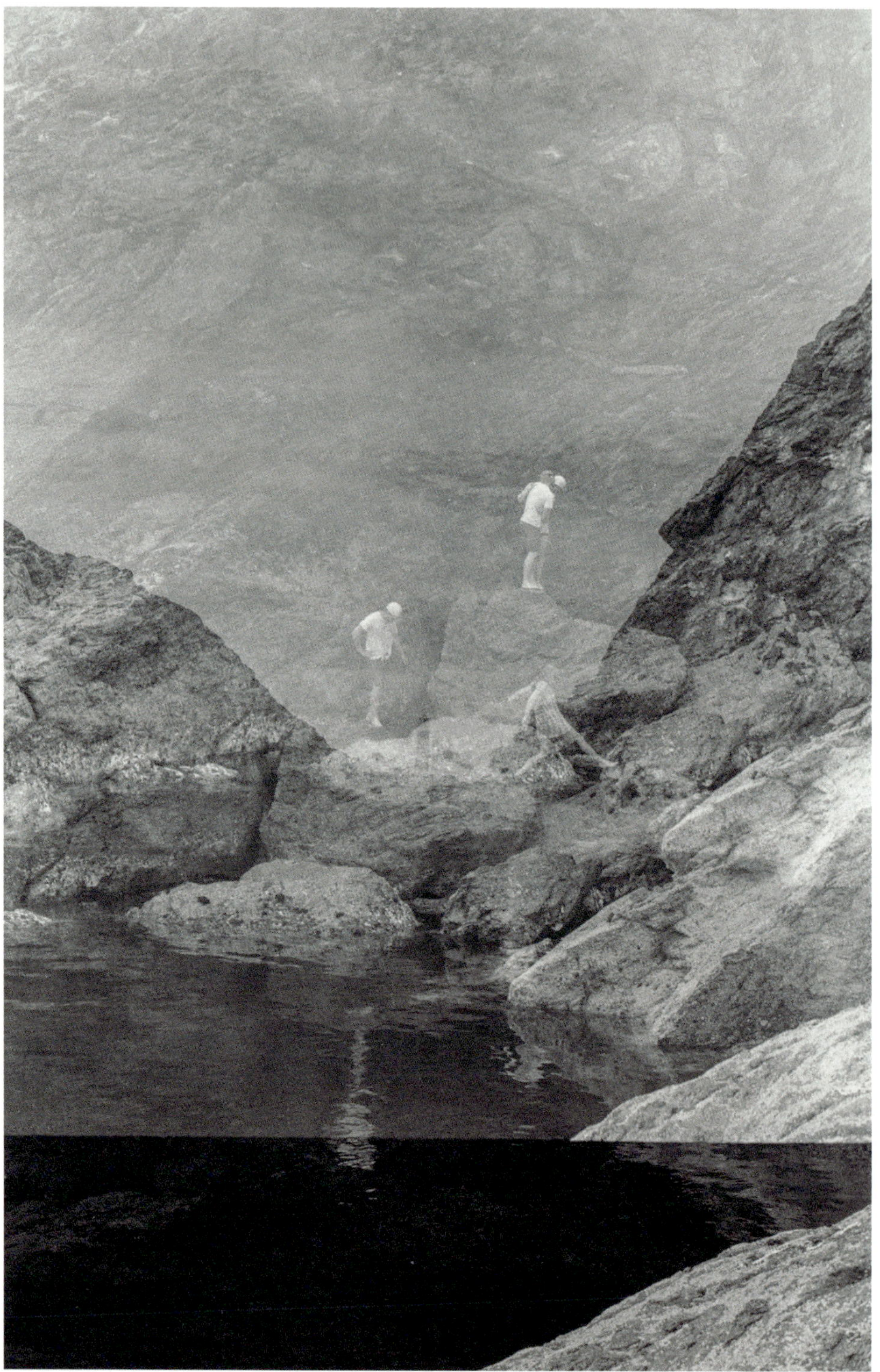

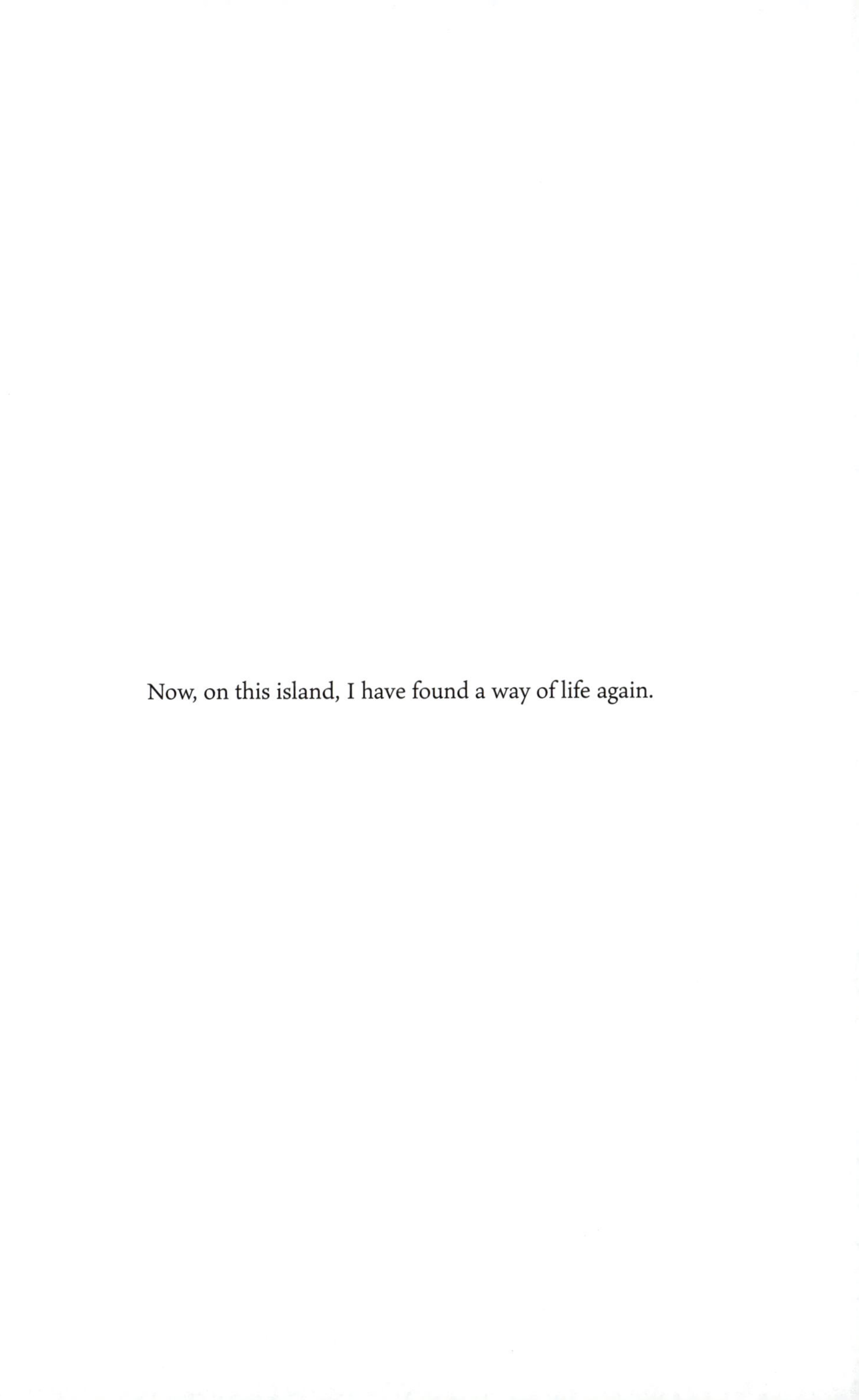

Now, on this island, I have found a way of life again.

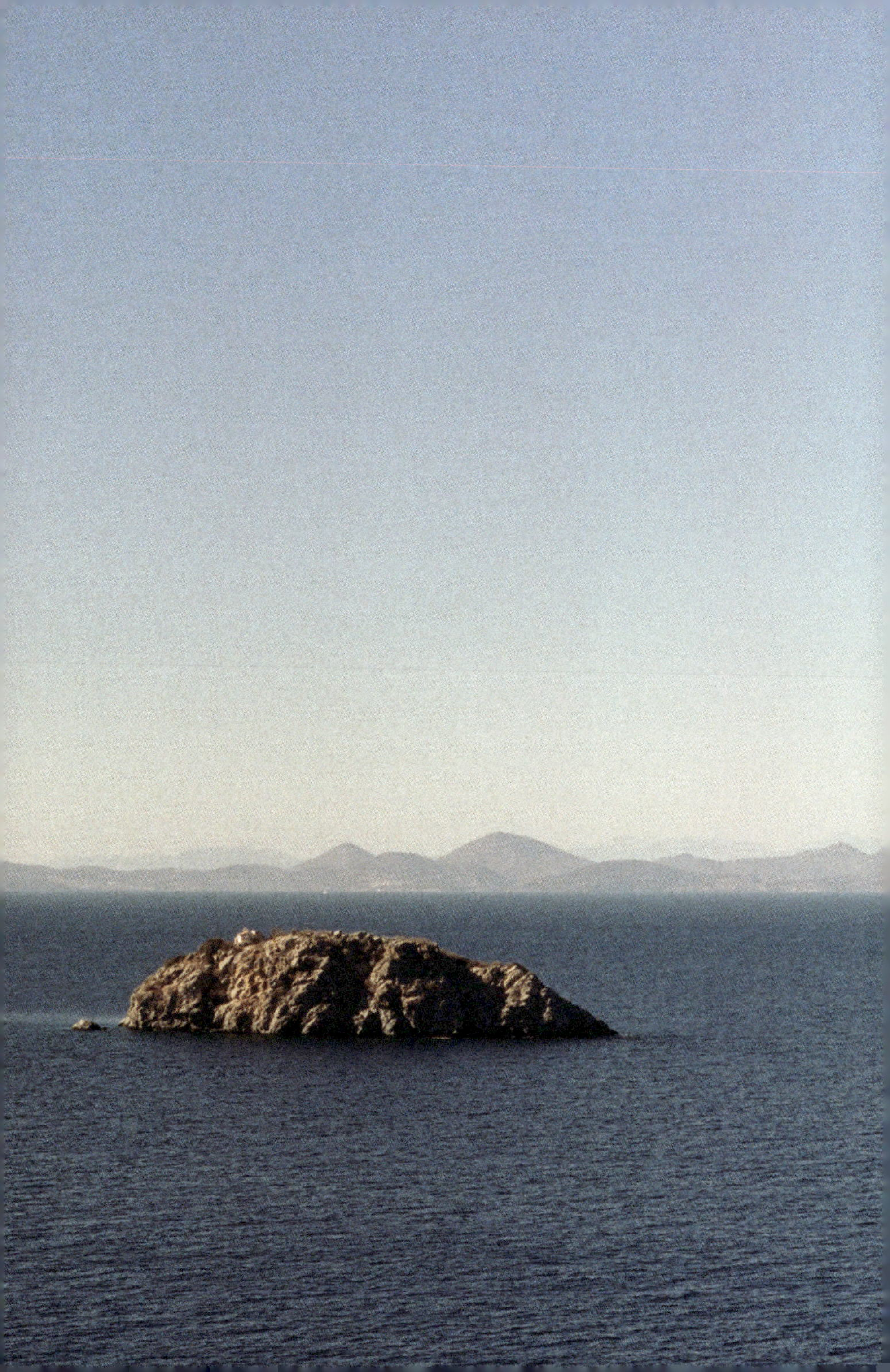

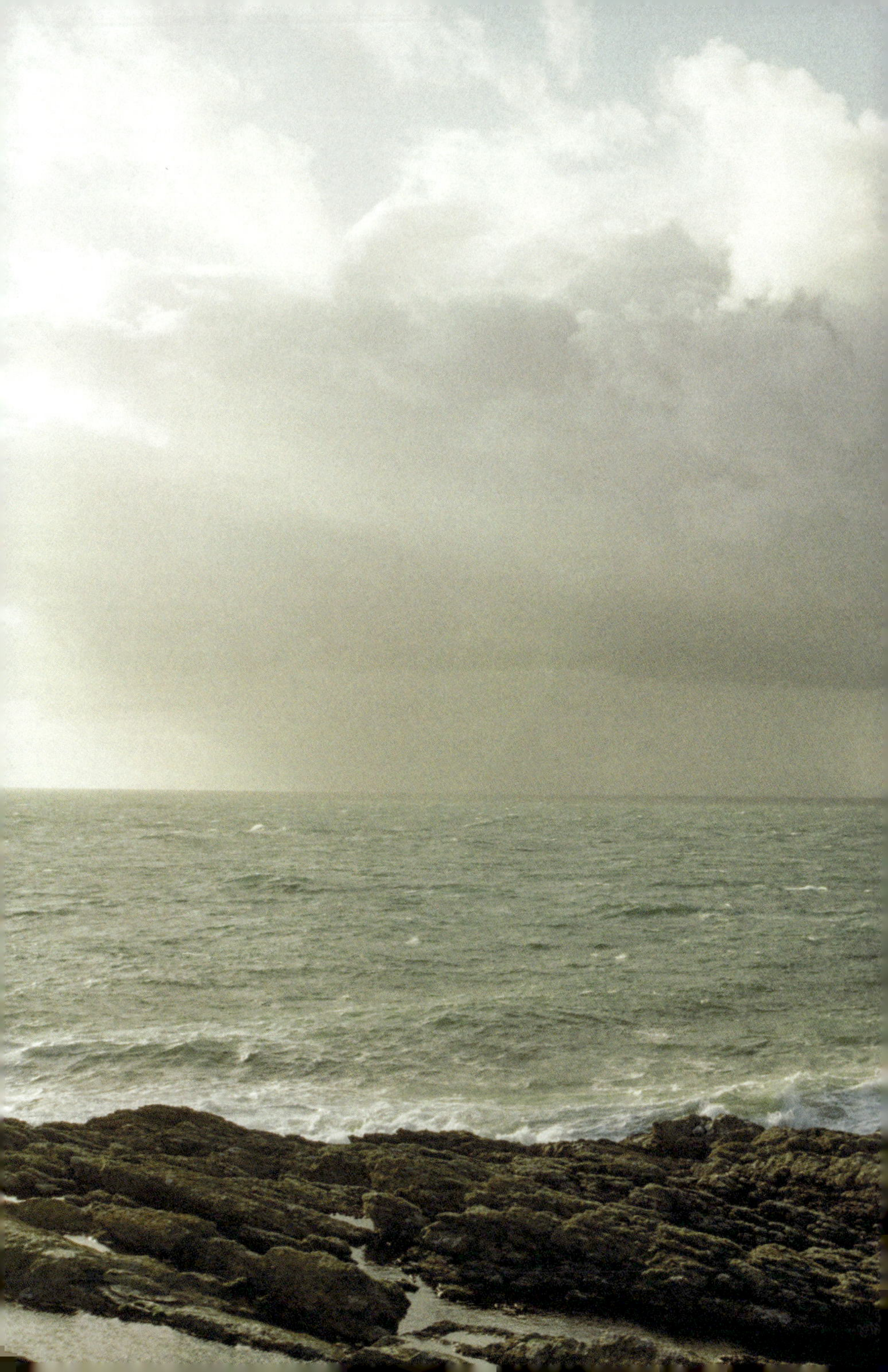

For as long as they could see it, my eyes did not leave the
rain-shrouded mountain. On her slopes I had left a new self,
and had vowed to return.

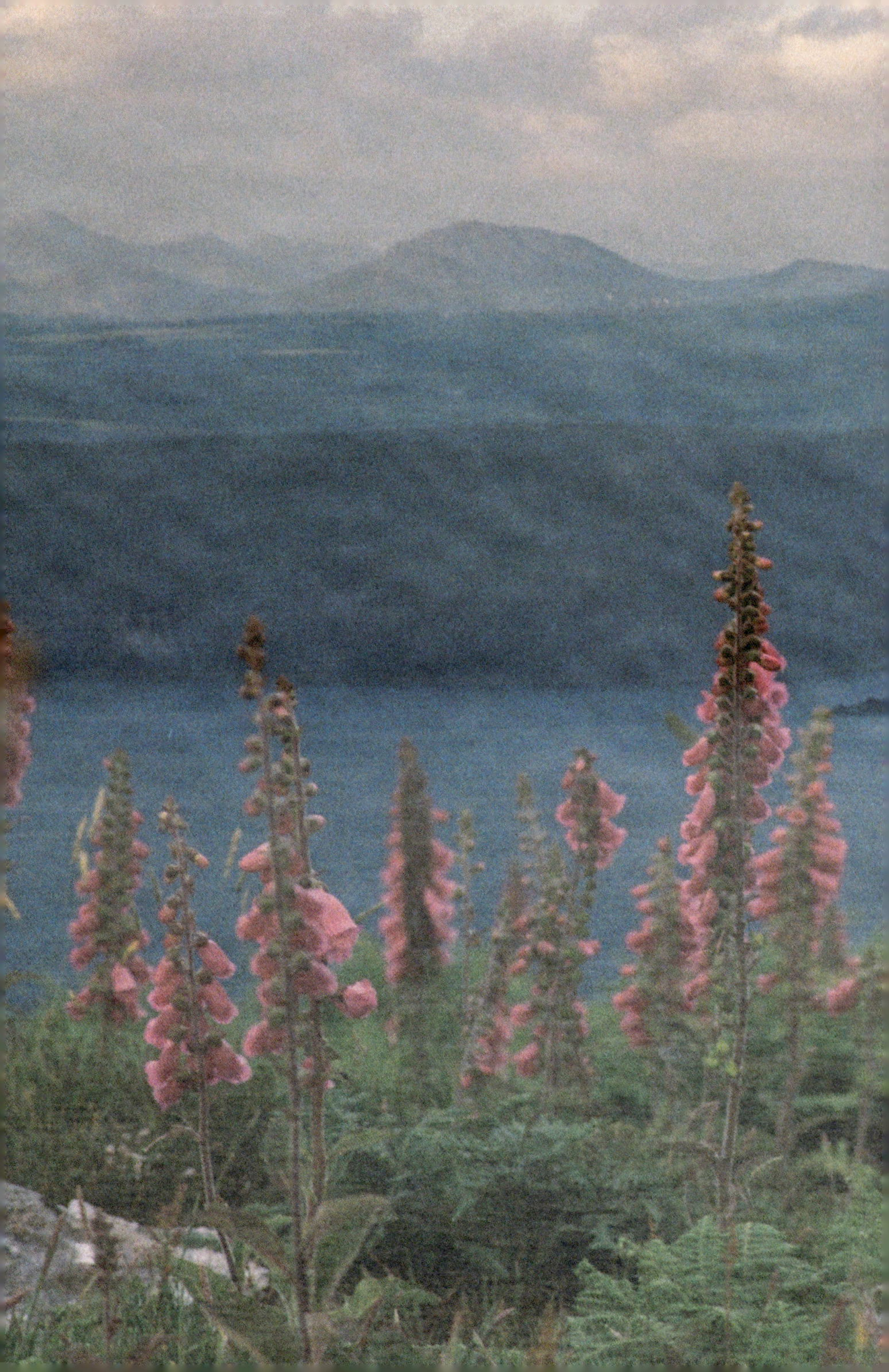

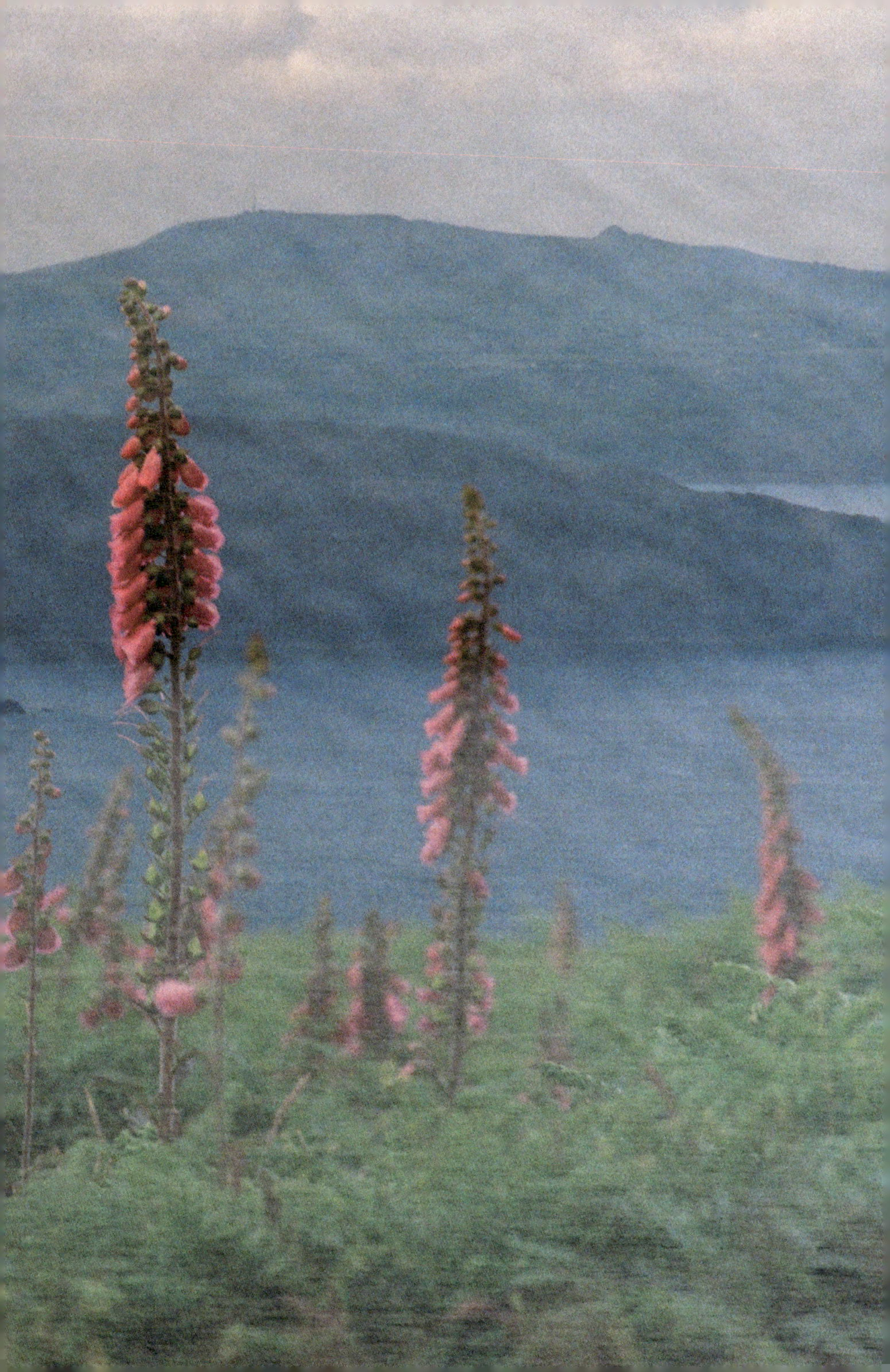

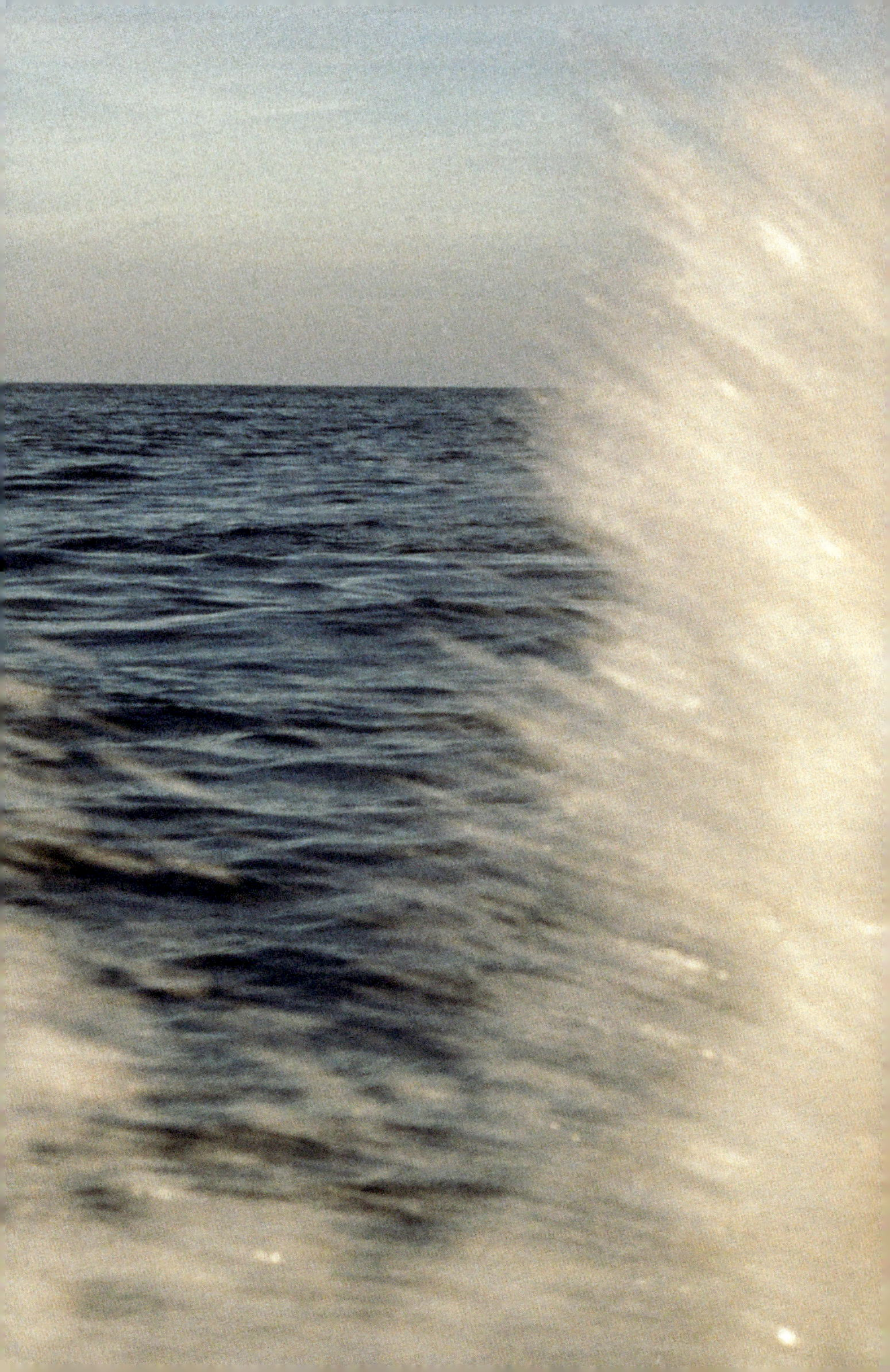

You who are in the safety of the world, can you guess what
this going home means to the islander?

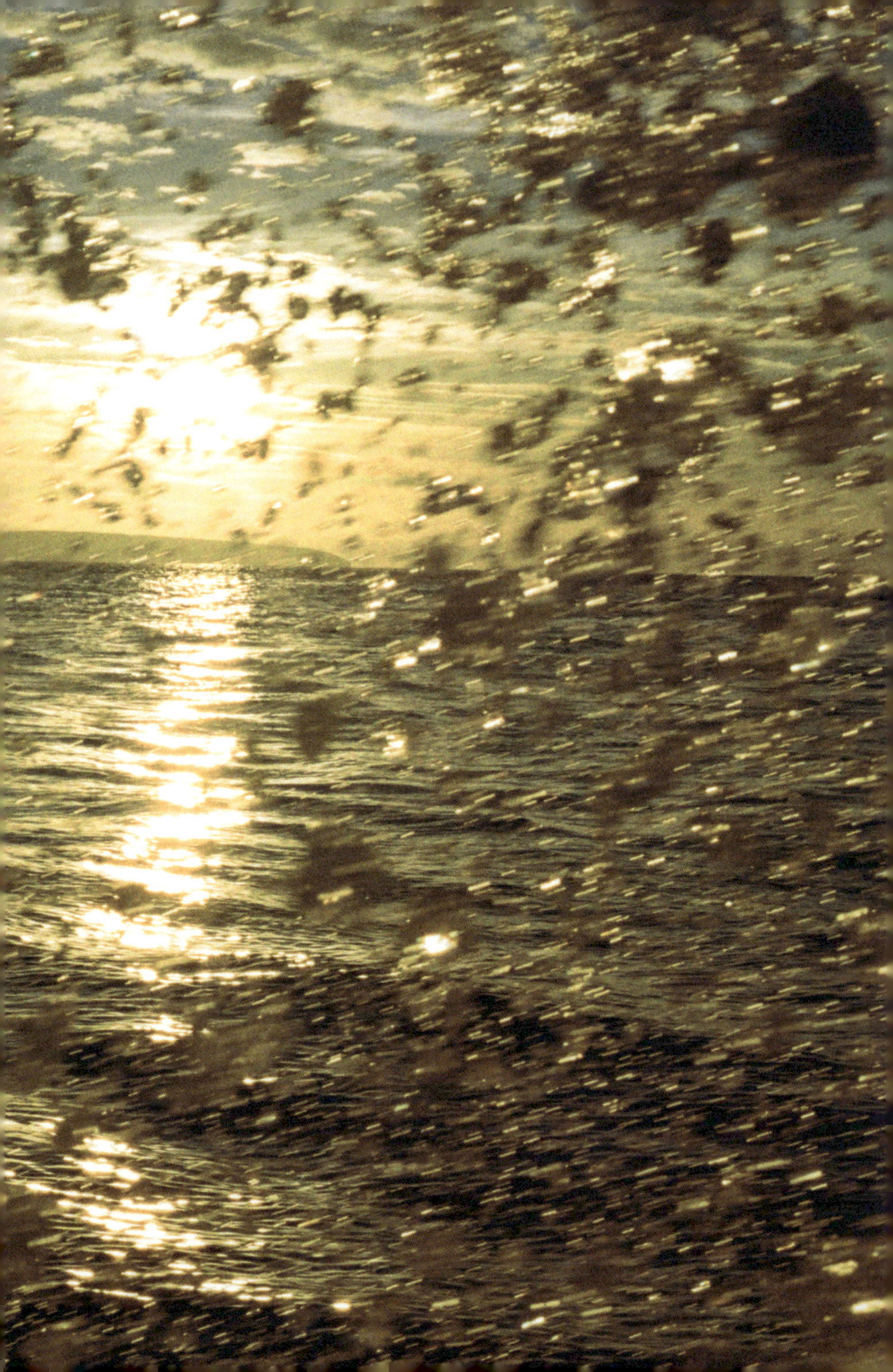

O my love, be patient. I am coming back to you;

quickly, quickly, over the waves.

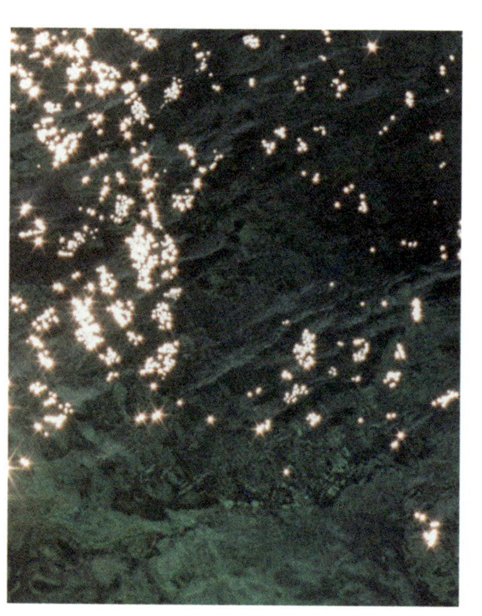

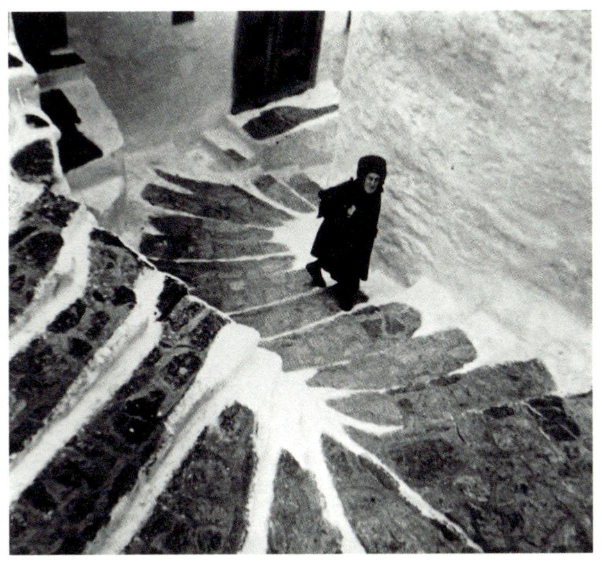

Brenda Chamberlain, Ionawr 1966, grisiau Hydra.

Brenda Chamberlain, January 1966, Hydra stairs.

Holl ddyfyniadau o *A Rope of Vines: Journal from a Greek Island*
neu *Tide Race* gan Brenda Chamberlain.

All quotes from *A Rope of Vines: Journal from a Greek Island*
or *Tide Race* by Brenda Chamberlain.

Όλα τα αποσπάσματα προέρχονται από τα βιβλία
A Rope of Vines: Journal from a Greek Island και
Tide Race της Μπρέντα Τσάμπερλεν.

—

Llun o Brenda Chamberlain ar Ynys Enlli:
Trwy ganiatâd Llyfrgell Genedlaethol Cymru

Photo of Brenda Chamberlain on Ynys Enlli:
By permission of the National Library of Wales

Diolch yn fawr iawn i wasg Parthian, yn enwedig i Rich; am ei frwdfrydedd a'i hyder wrth ddod â'r gyfrol yma'n fyw. Diolch arbennig i Dafydd Owain am y gwaith dylunio hyfryd ac am ddal fy ngweledigaeth ar bapur. Diolch i Claire Papamichael am gyfieithu'r cyflwyniad i'r iaith Roeg ac am ei chefnogaeth. Diolch oes i Mari ac Emyr am fy nghyflwyno i hud a lledrith Ynys Enlli. Diolch o galon i fy nheulu a'm ffrindiau am eich cariad, annogaeth di-ben-draw a'ch amynedd. Dach chi i gyd yn sêr.

Thank you to Parthian, especially to Rich for his enthusiasm and confidence whilst bringing this book to life. A special thank you to Dafydd Owain for the beautiful design work and for capturing my vision on the page. Thank you to Claire Papamichael for her Greek translations and her support. A lifetime of thanks to Mari and Emyr for introducing me to the magic of Ynys Enlli. Thank you to my family and friends for your love, never-ending encouragement and patience. You're all stars.

Ευχαριστώ πολύ τον εκδοτικό οίκο Parthian και ειδικά τον Rich για τον ενθουσιασμό και τη σιγουριά του όλο το διάστημα που γεννιόταν αυτό το βιβλίο. Ξεχωριστές ευχαριστίες στον Dafydd Owain για τον υπέροχο σχεδιασμό, κι επίσης επειδή συνέλαβε το όραμά μου και το αποτύπωσε σ' αυτές τις σελίδες. Ευχαριστώ την Κλαίρη Παπαμιχαήλ για την ελληνική μετάφραση και την υποστήριξή της. Θα ευχαριστώ μια ζωή την Mari και τον Emyr που μου γνώρισαν τη μαγεία του Ynys Enlli. Ευχαριστώ την οικογένεια και τους φίλους μου για την αγάπη τους, την αδιάκοπη εμψύχωση και την υπομονή τους. Είστε όλοι κορυφαίοι.

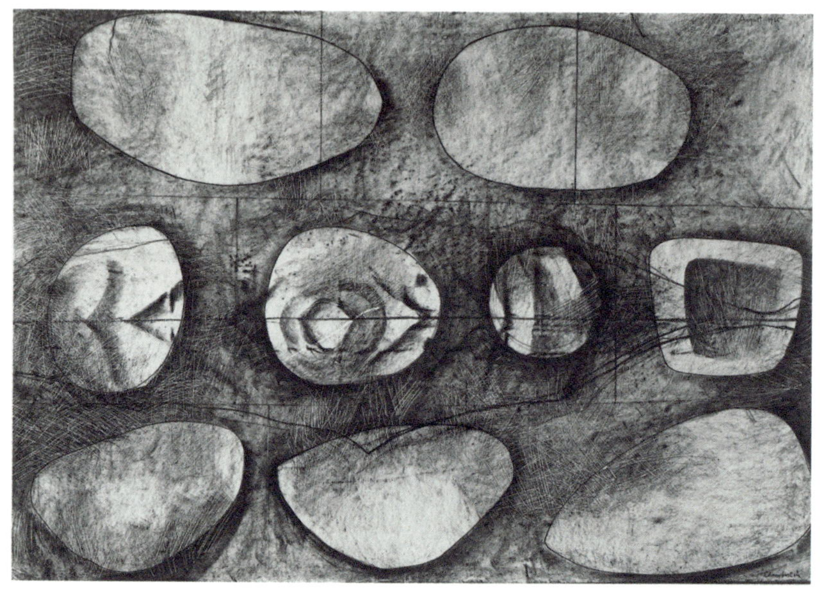

Untitled, creon cwyr ar gerdyn, 1966, Brenda Chamberlain â chaniatâd caredig

Untitled, wax crayon on card, 1966, Brenda Chamberlain with kind permission

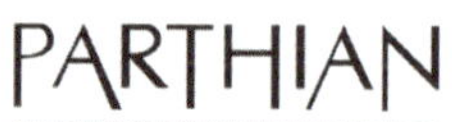

PARTHIAN

Arts and Literature